Grande lecture
Edition

Retrouvez dans cet ouvrage plus de 200 designs de serpents afin de vous inspirer pour votre futur tatouage.

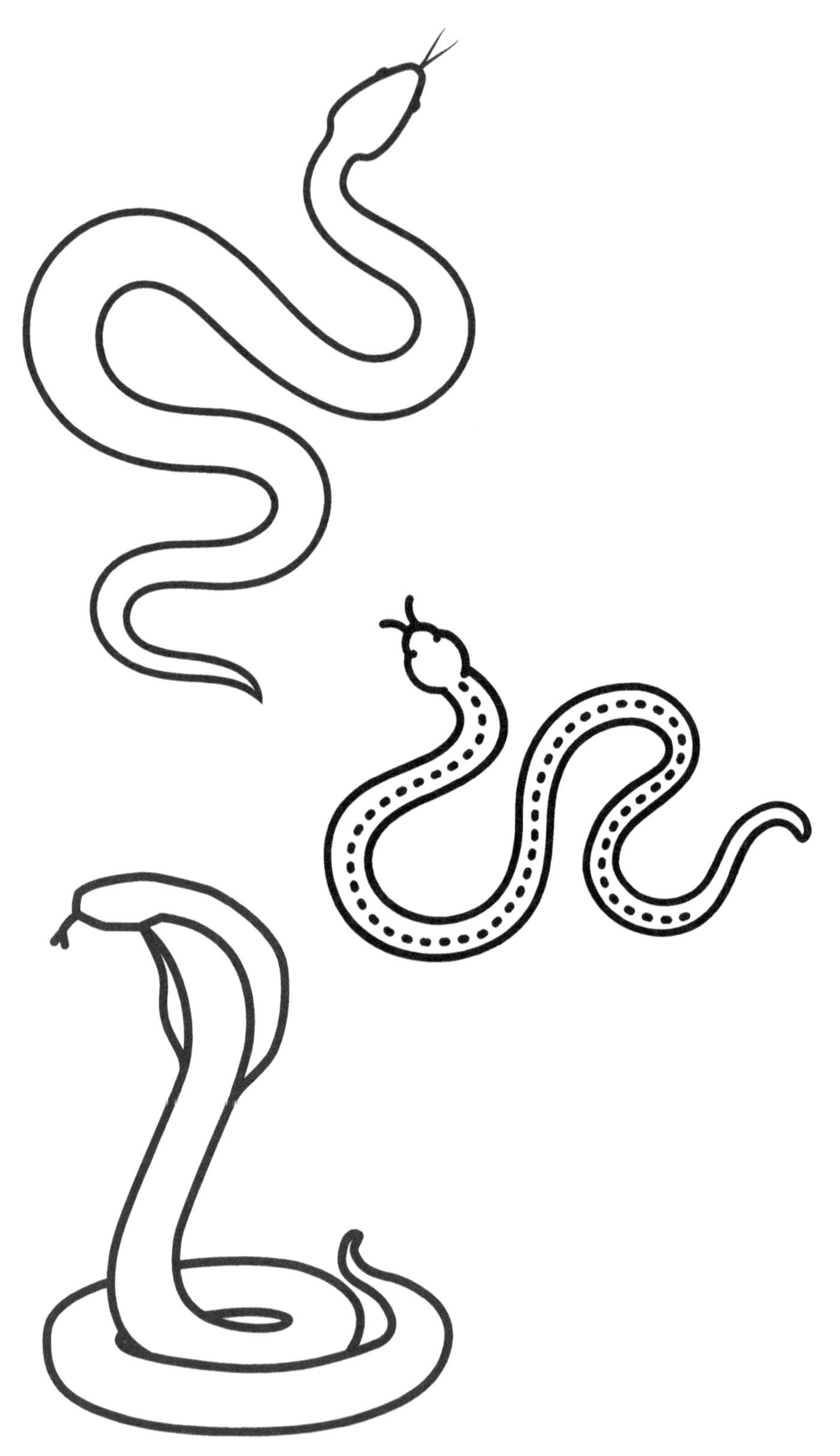

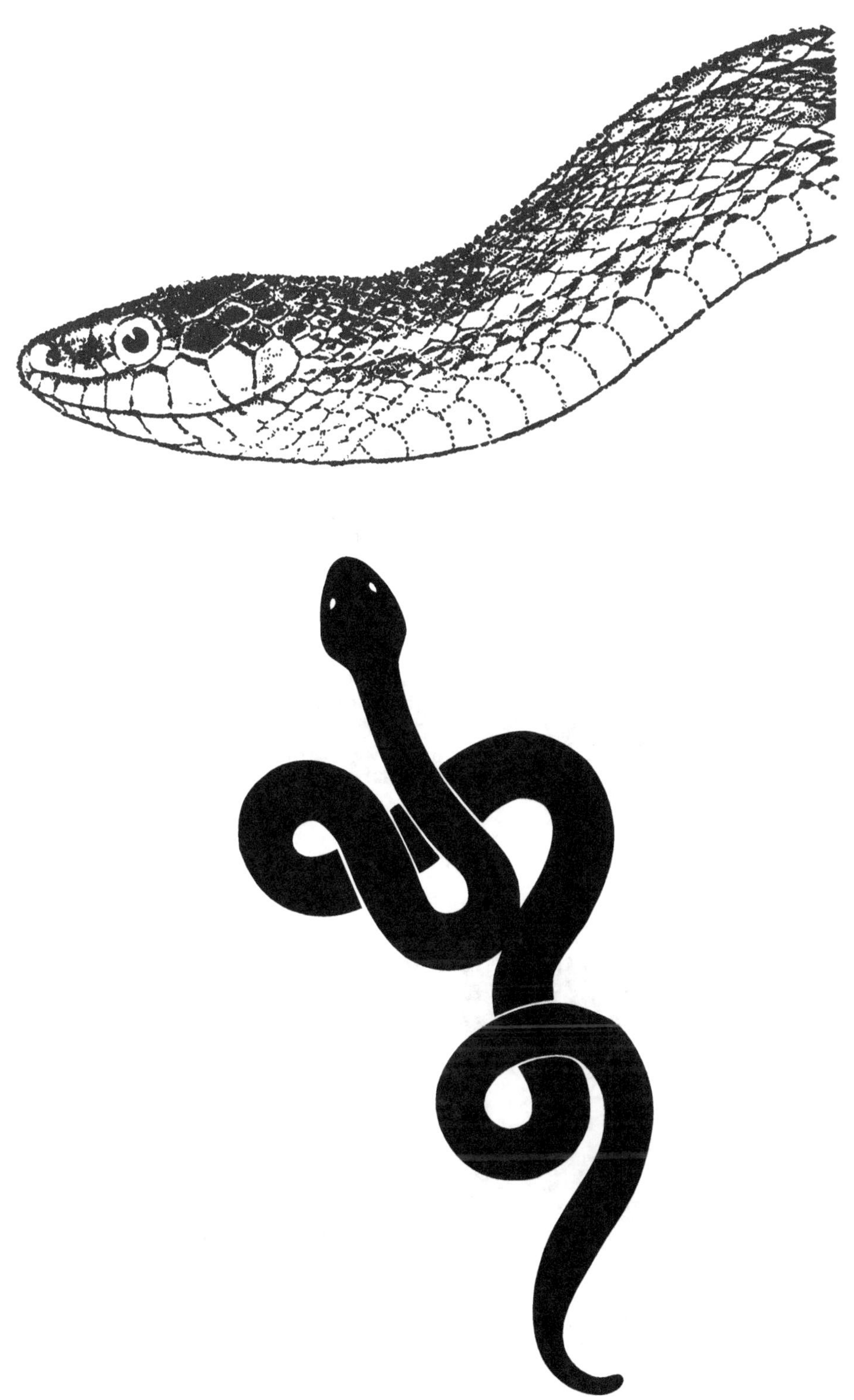

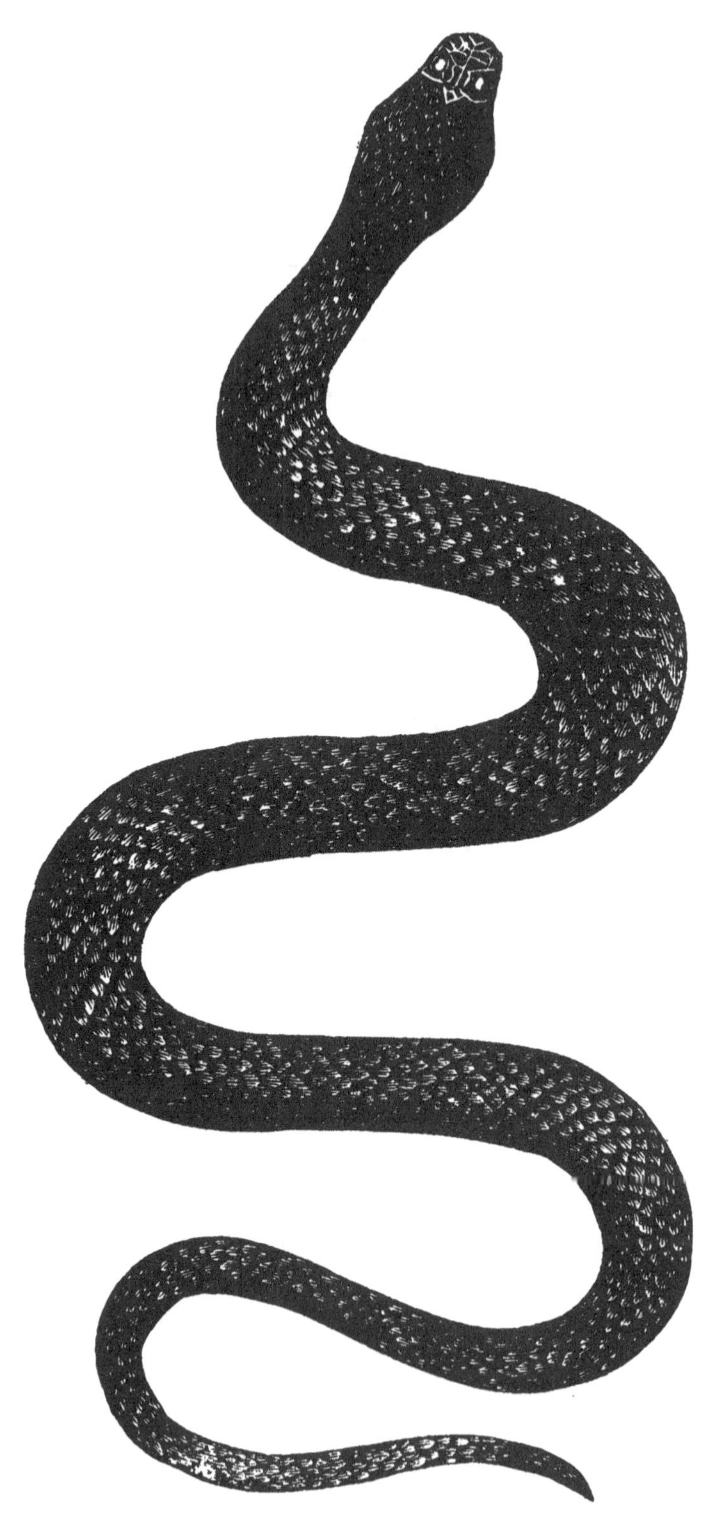

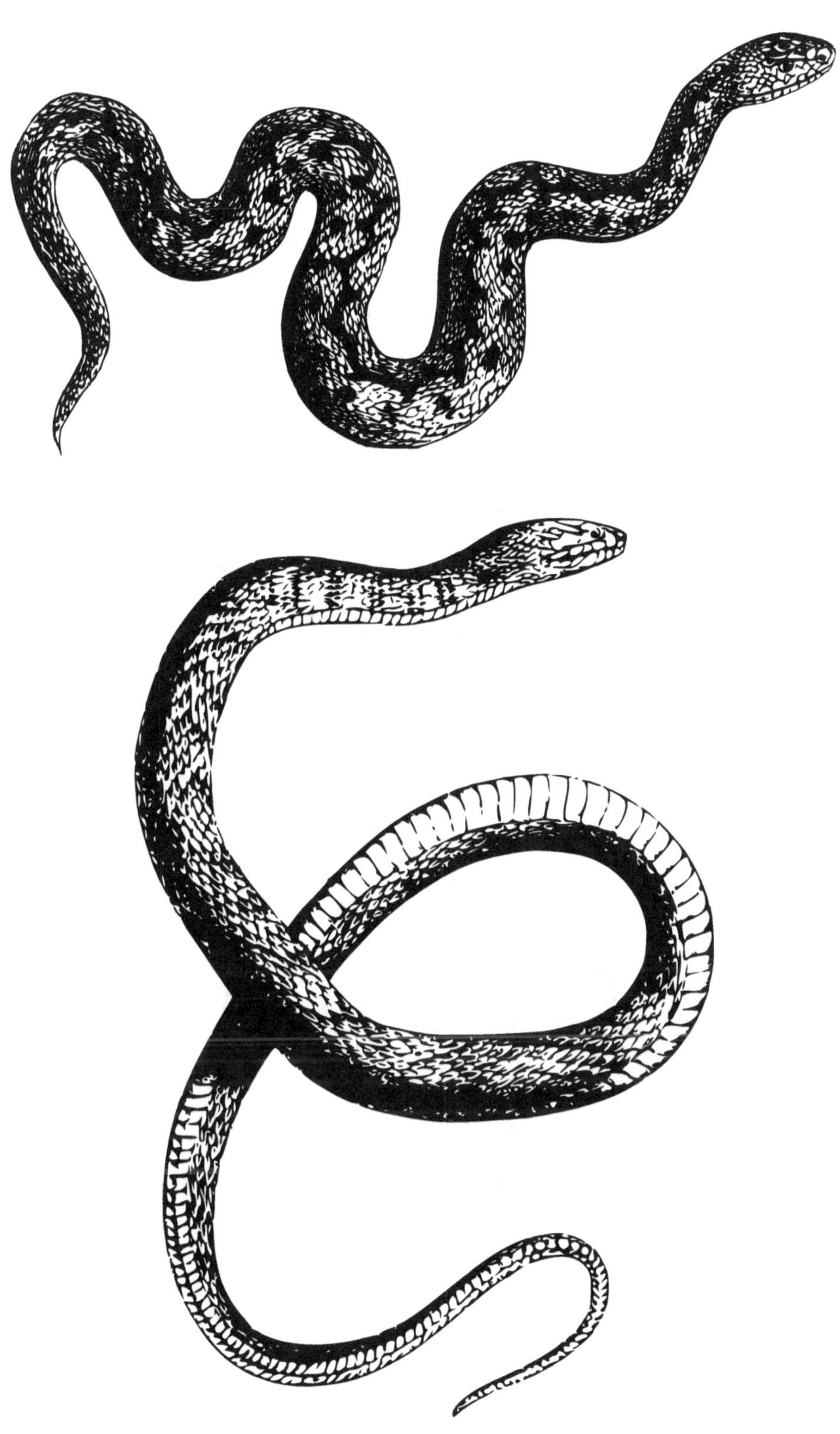

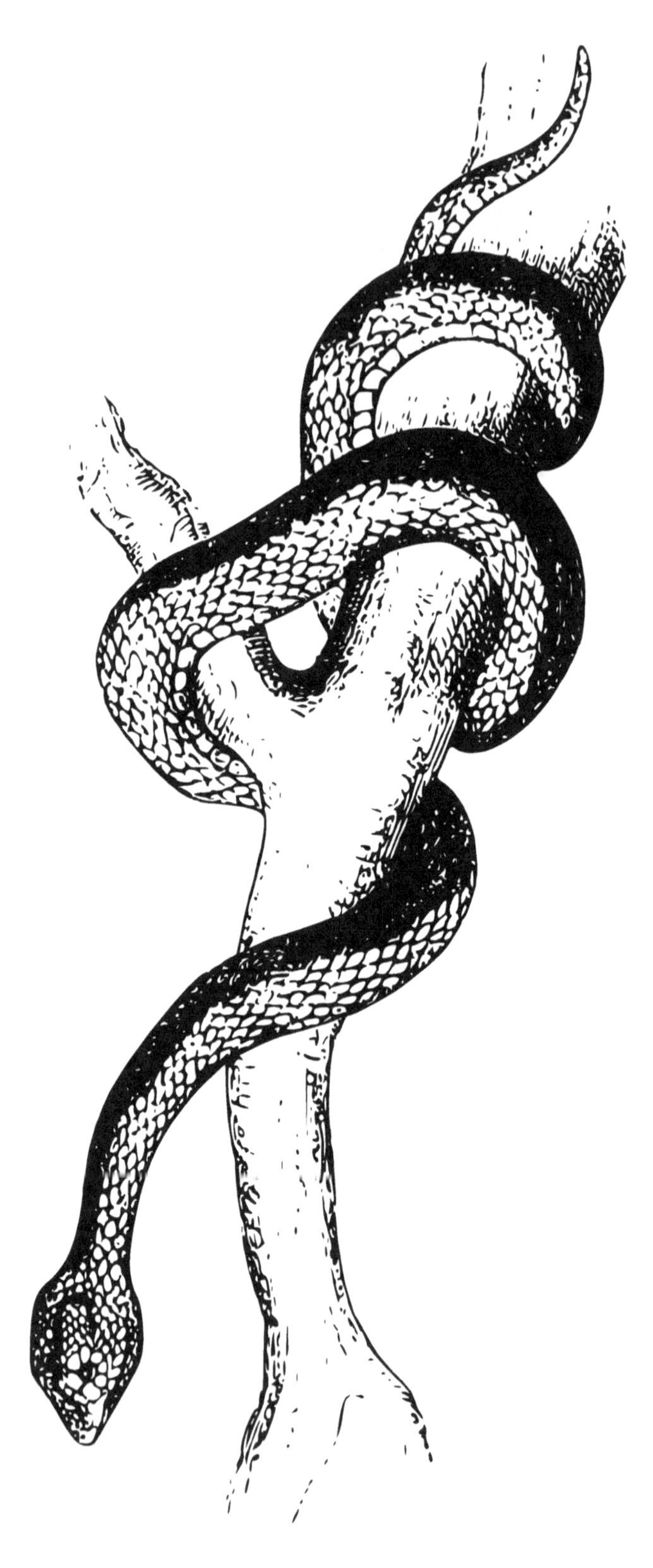

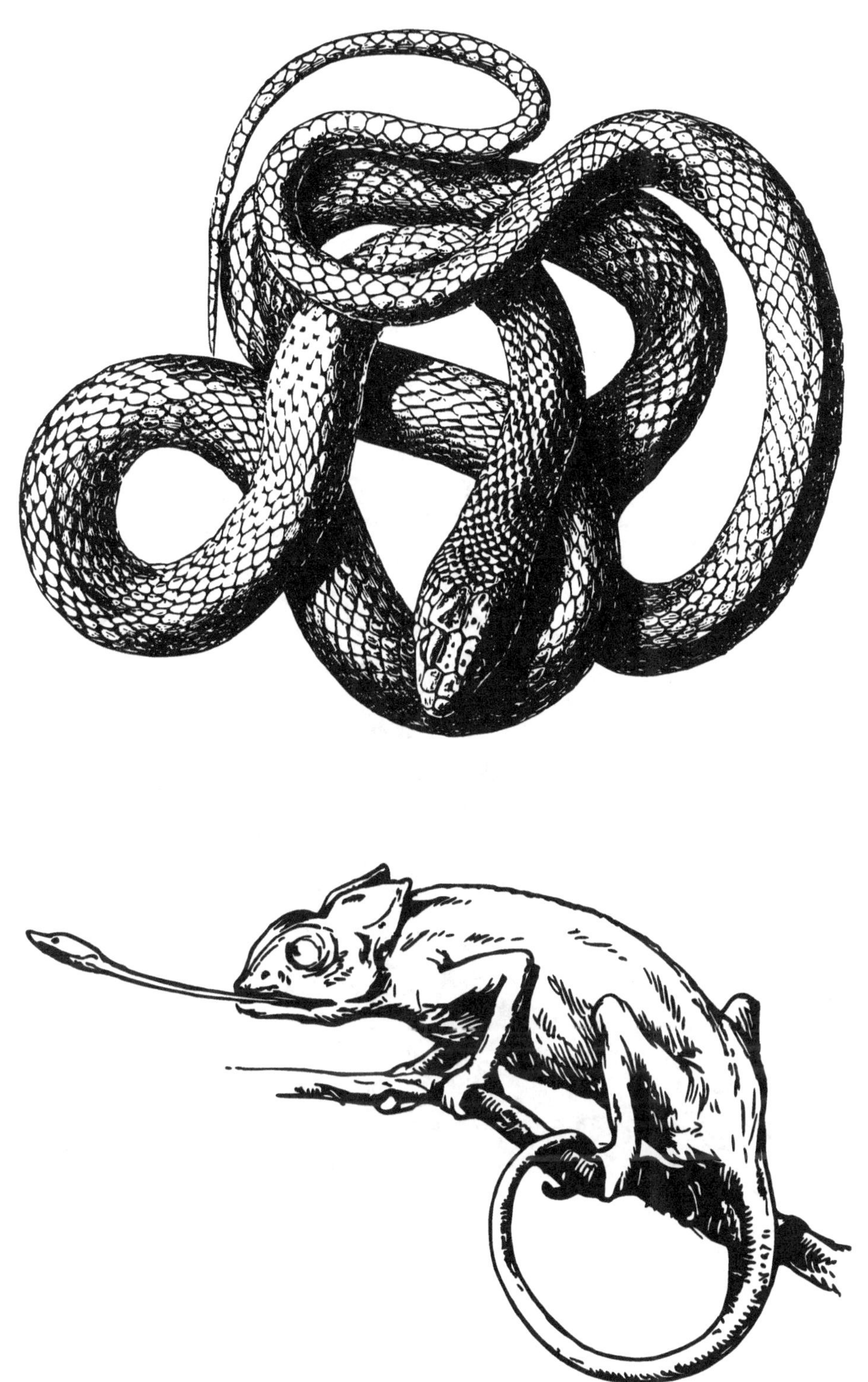

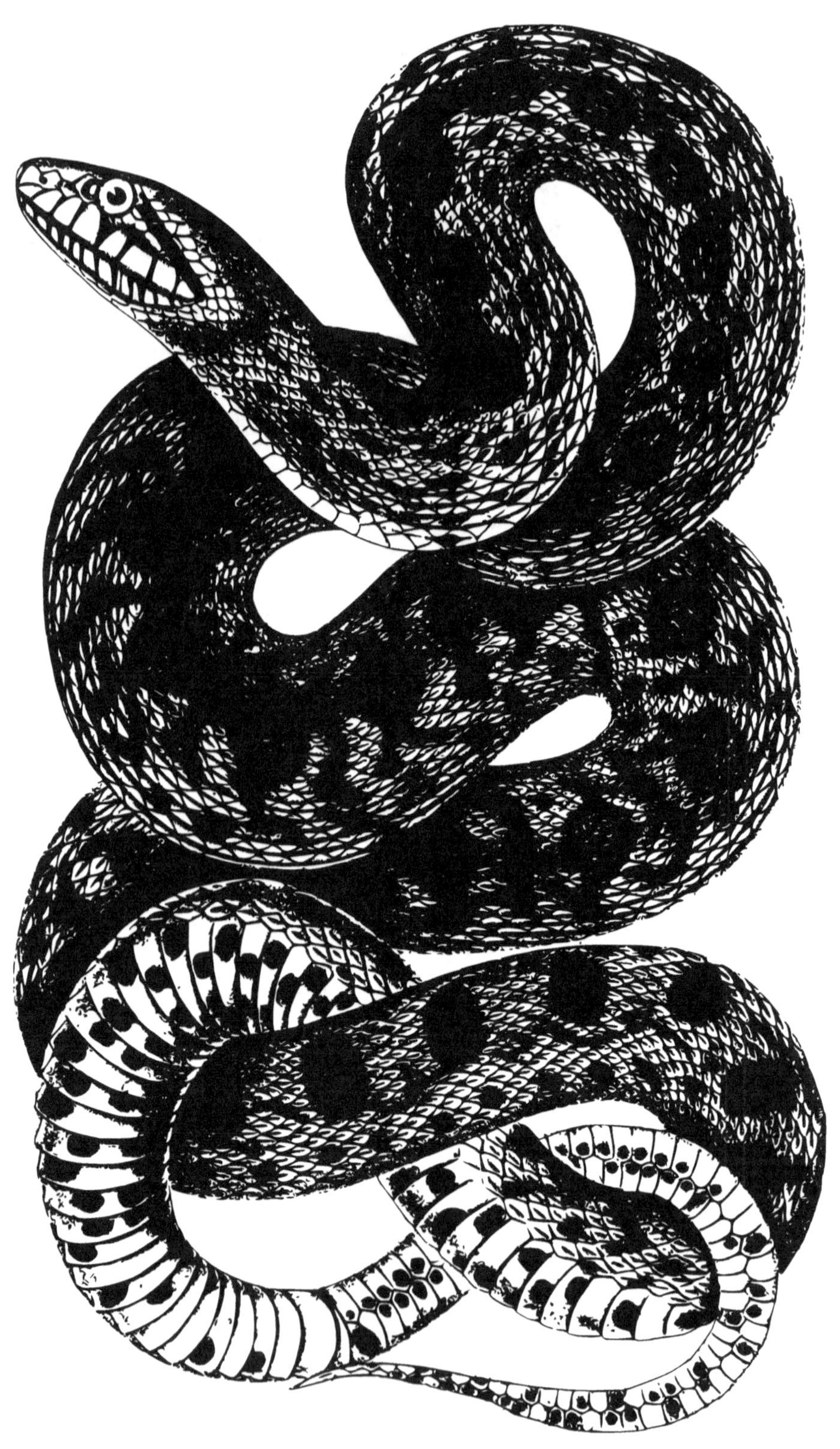

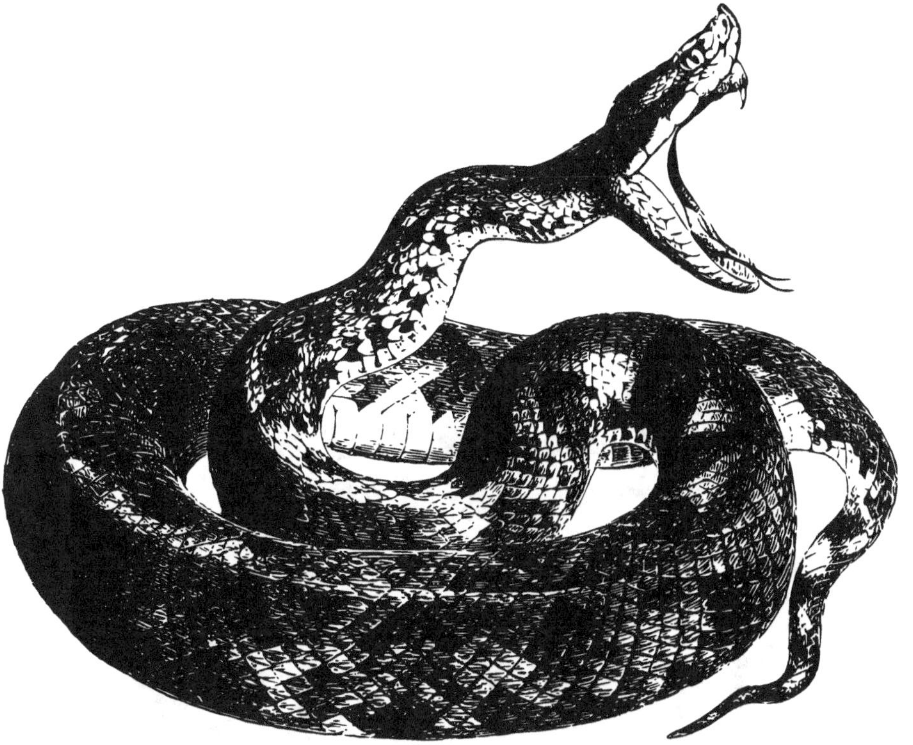

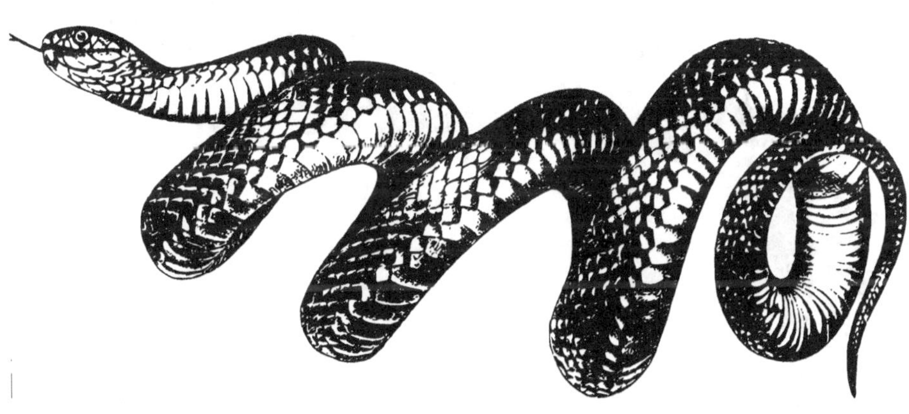

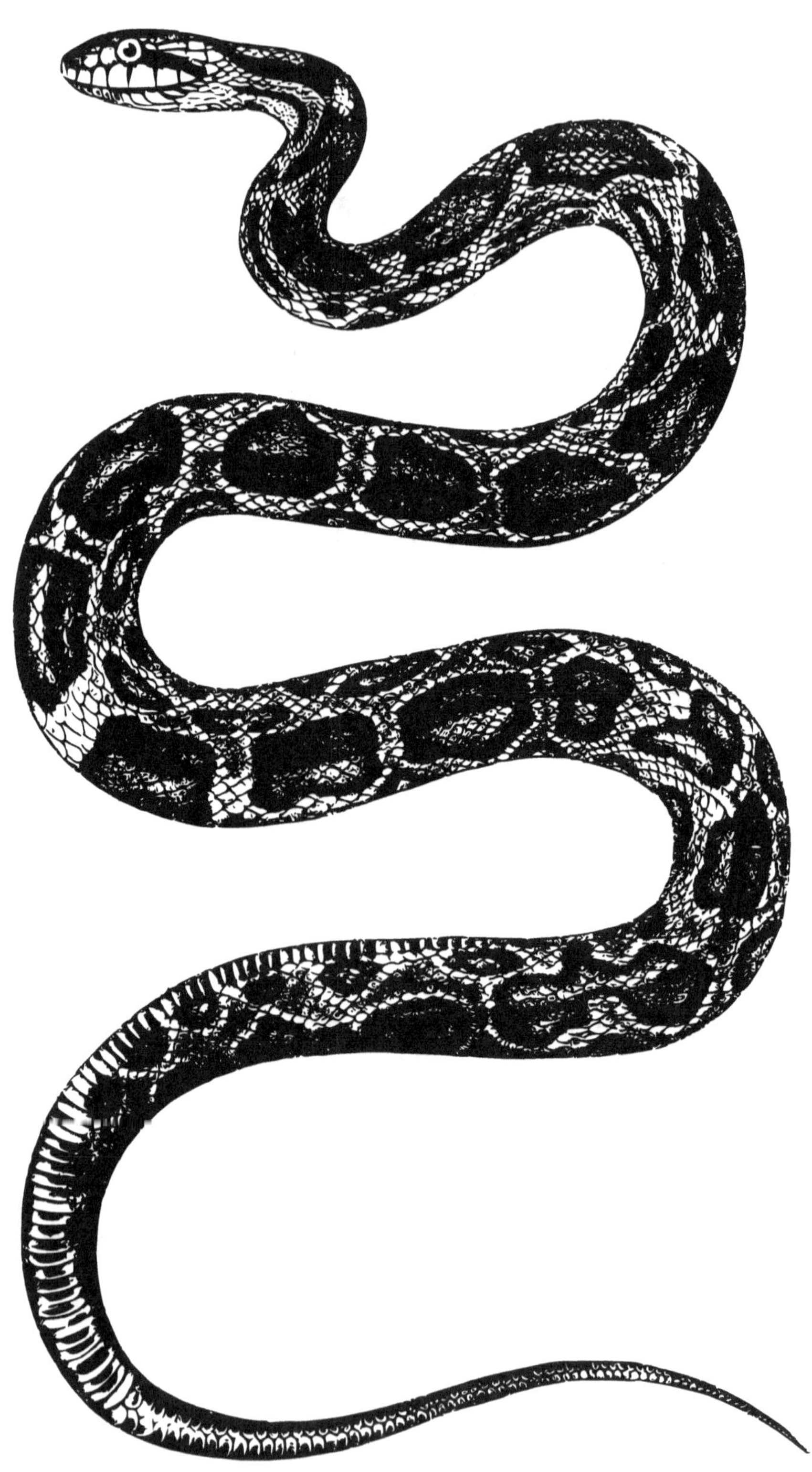

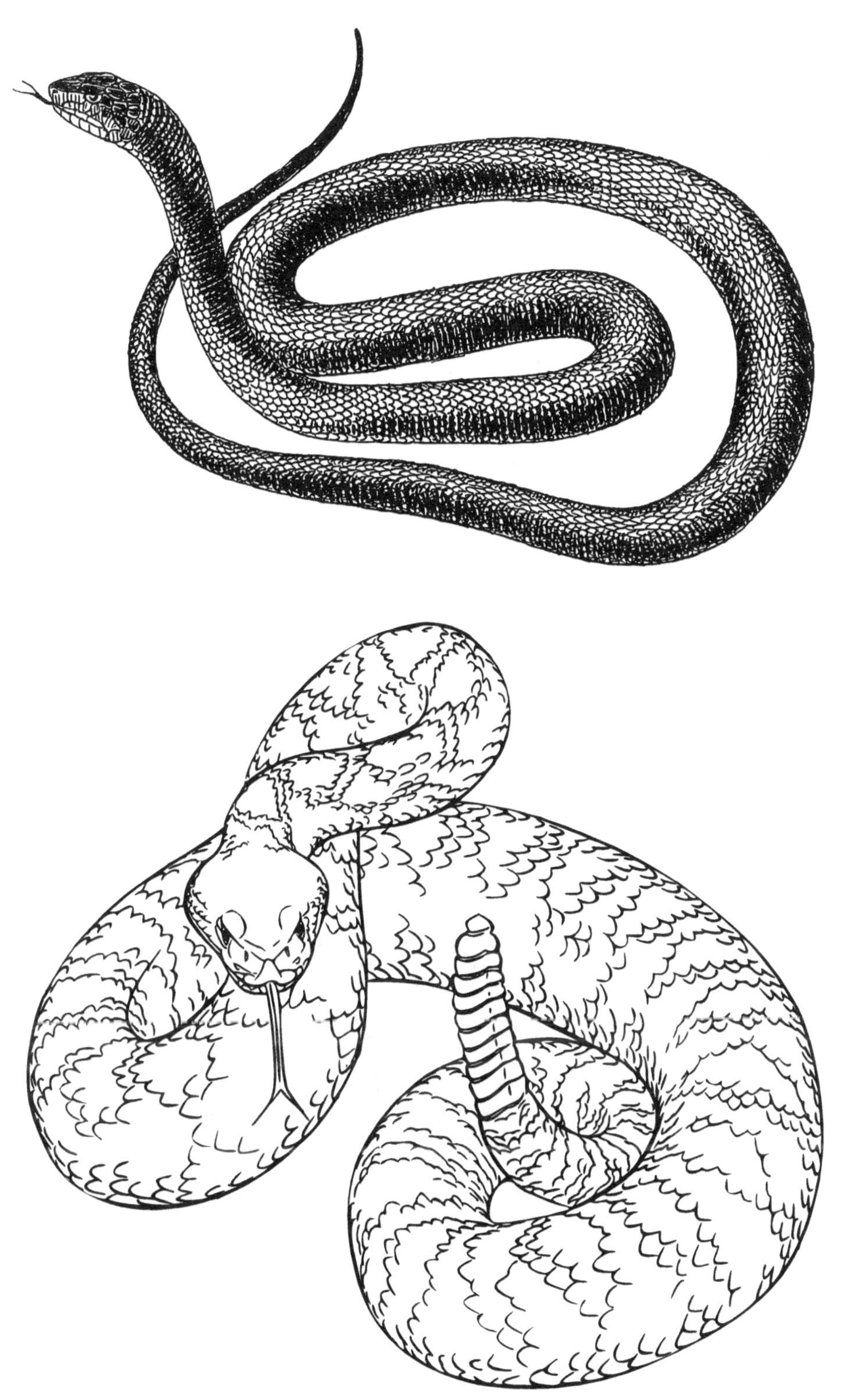

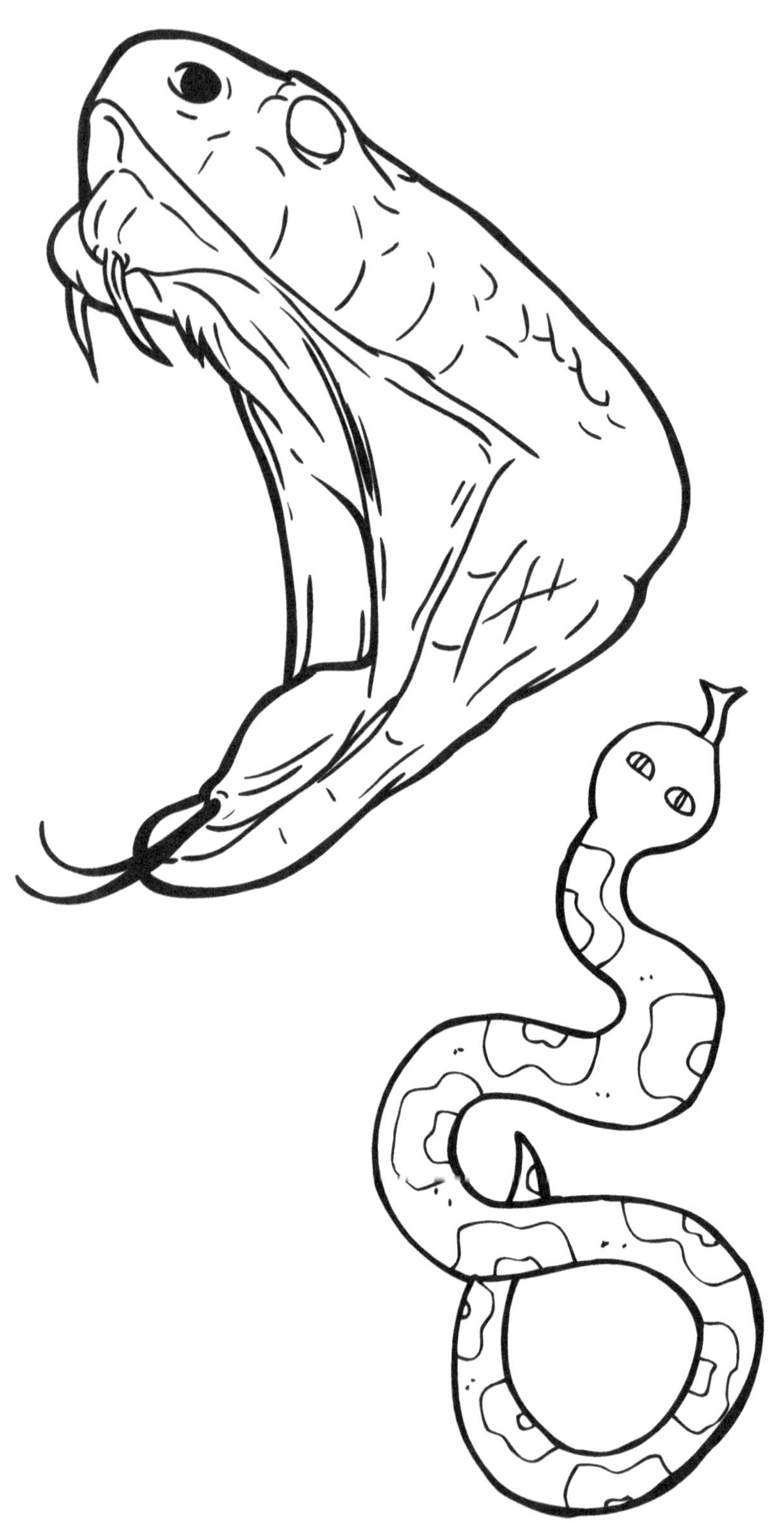

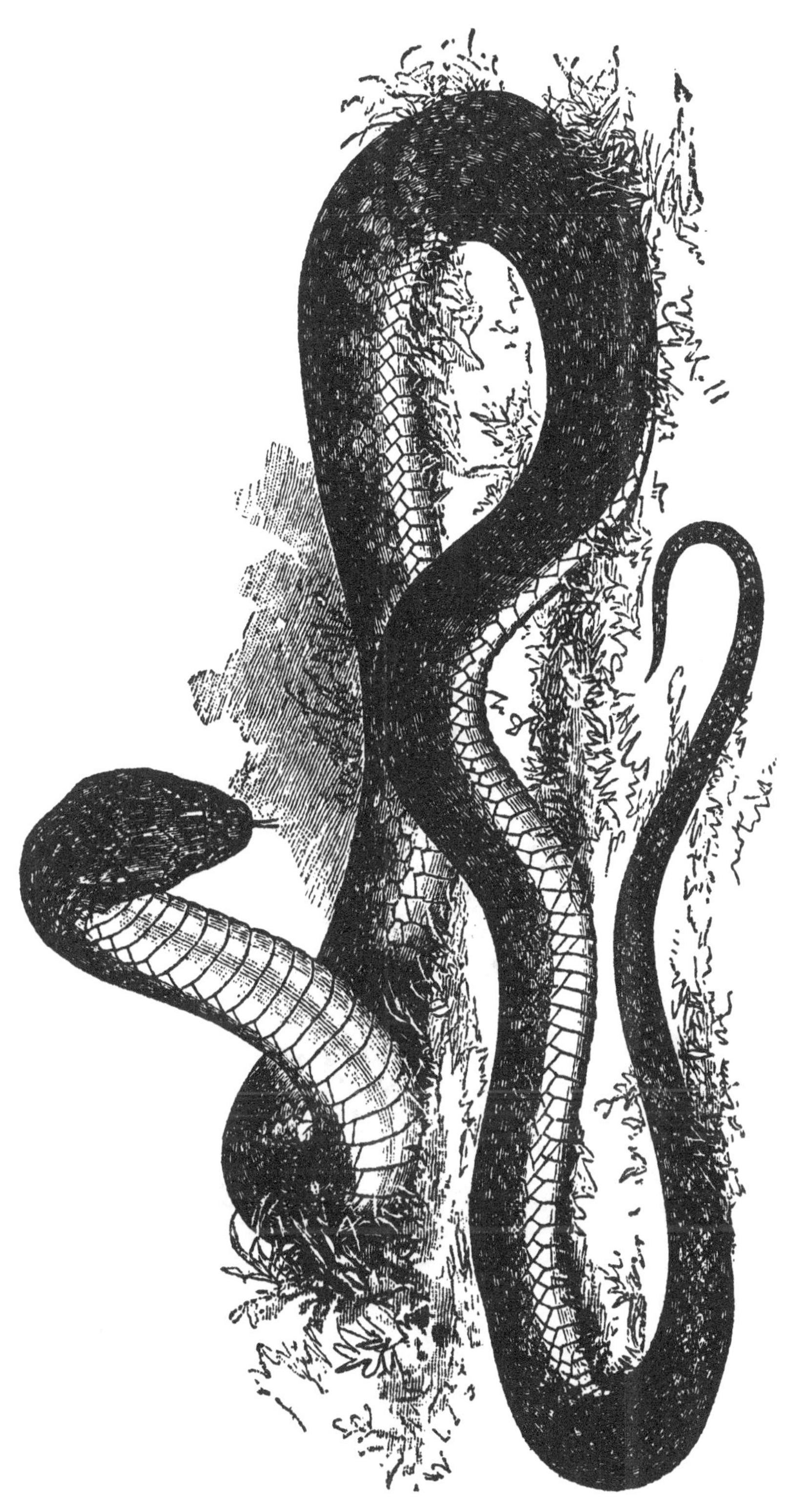

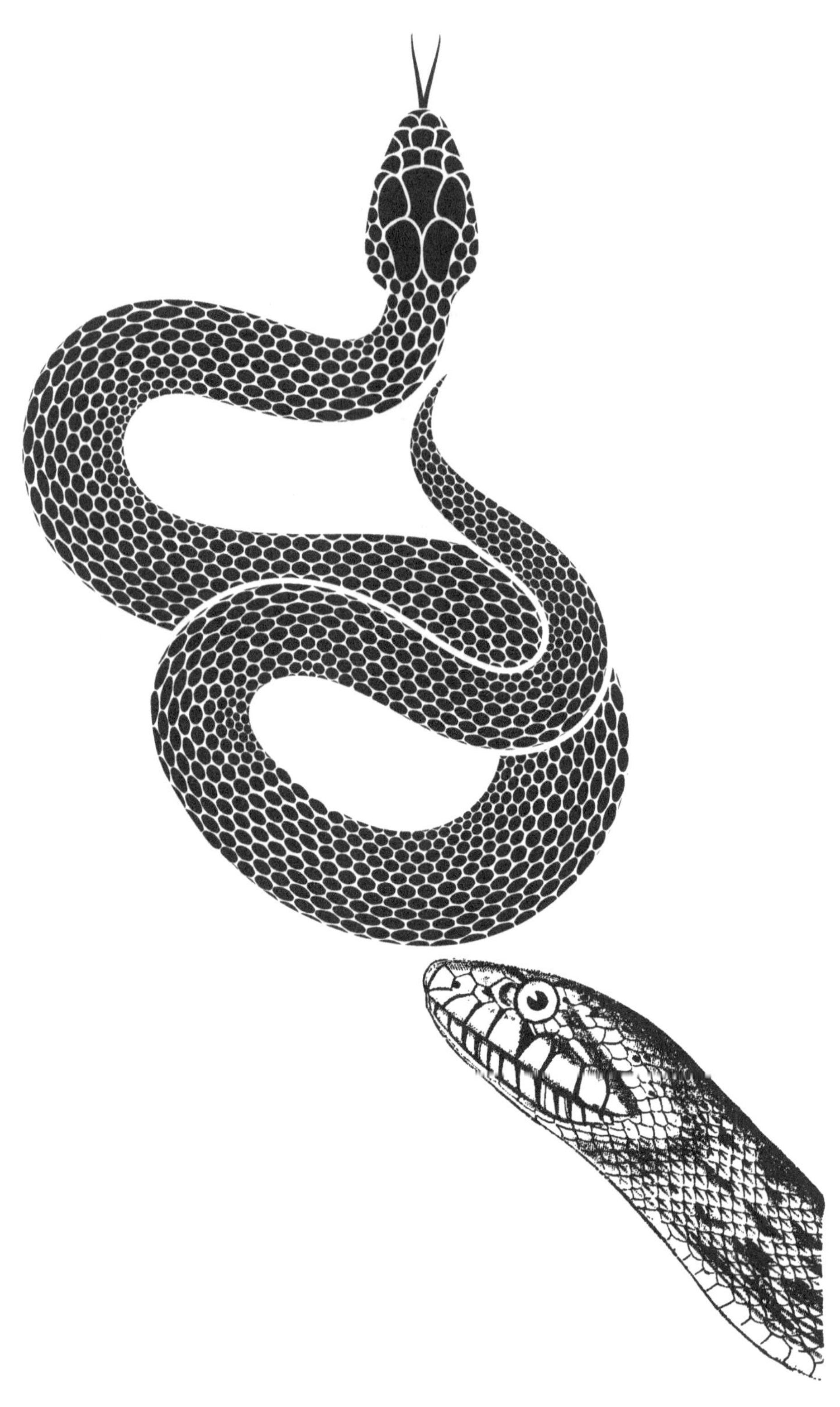

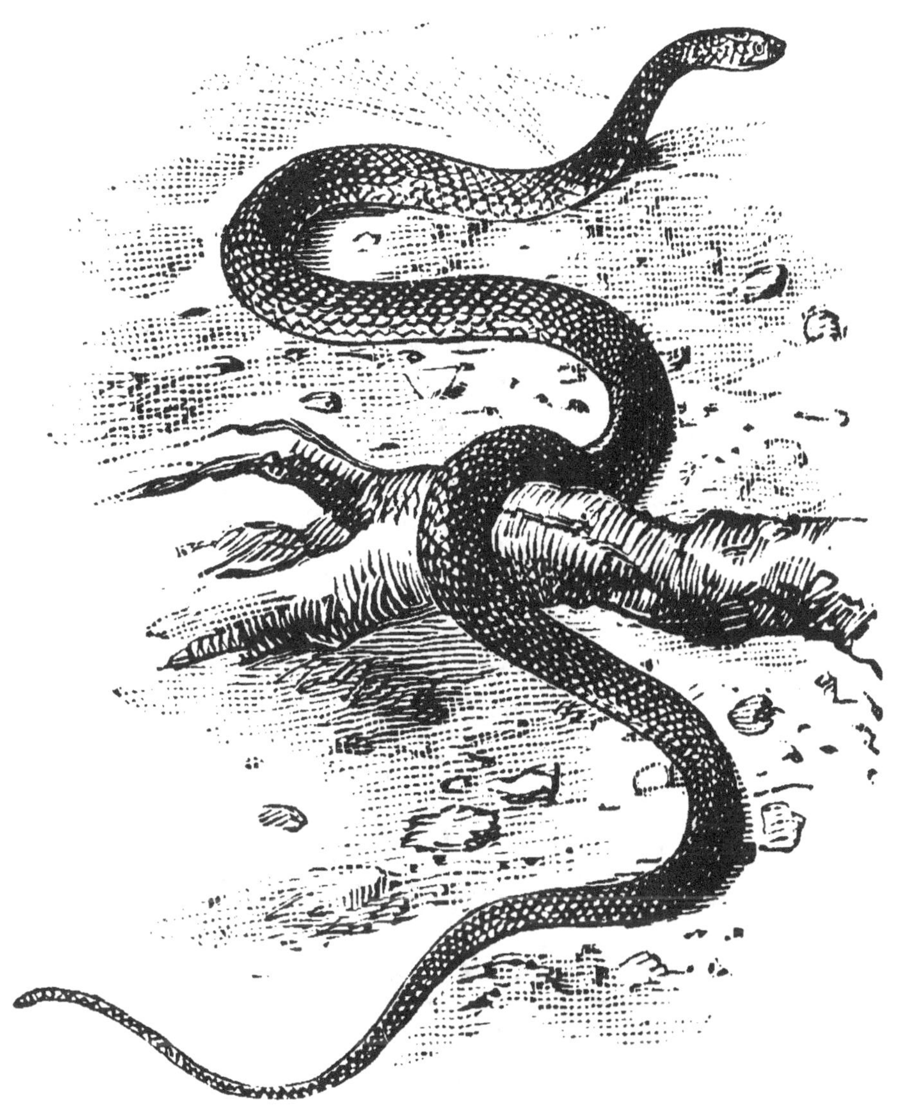

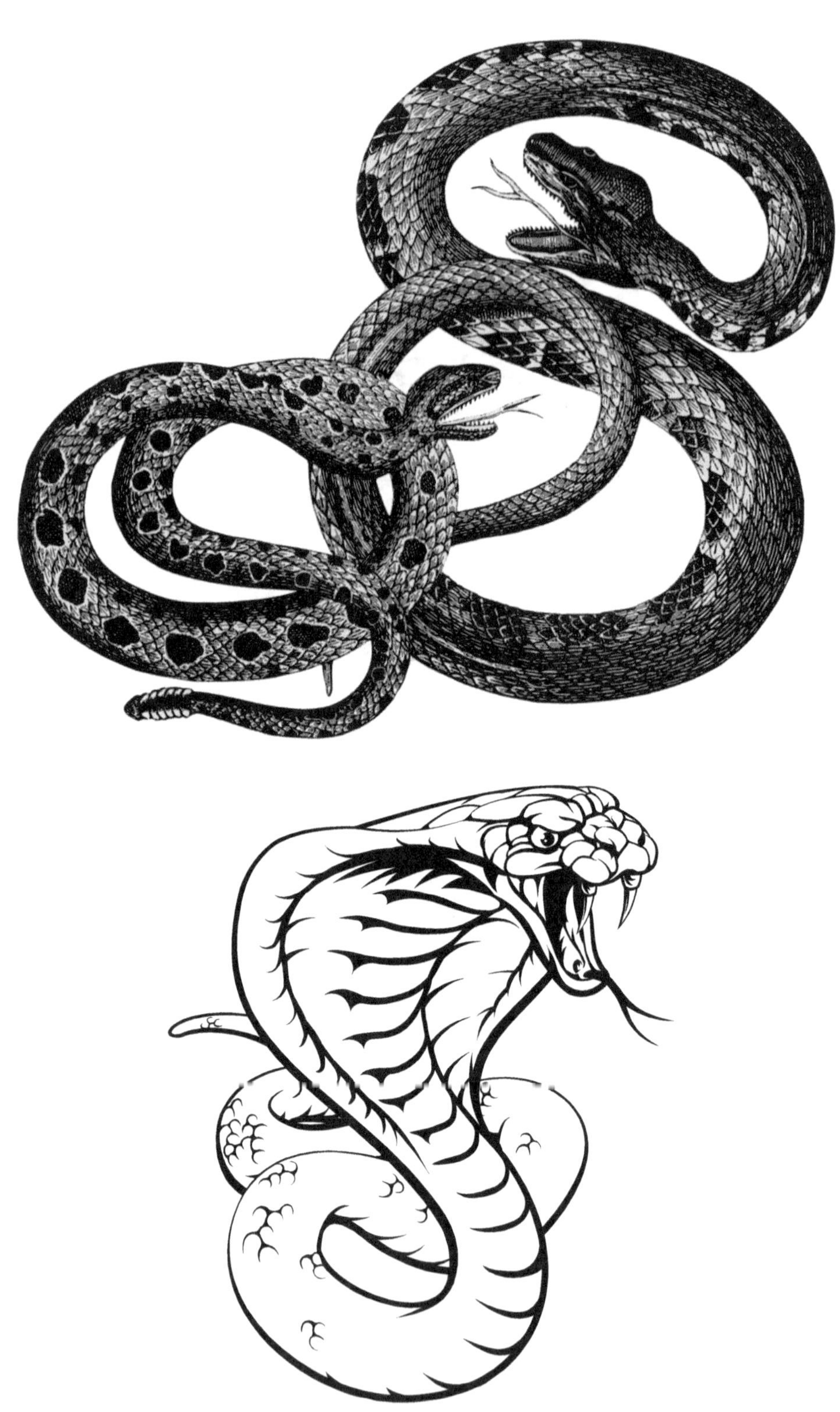

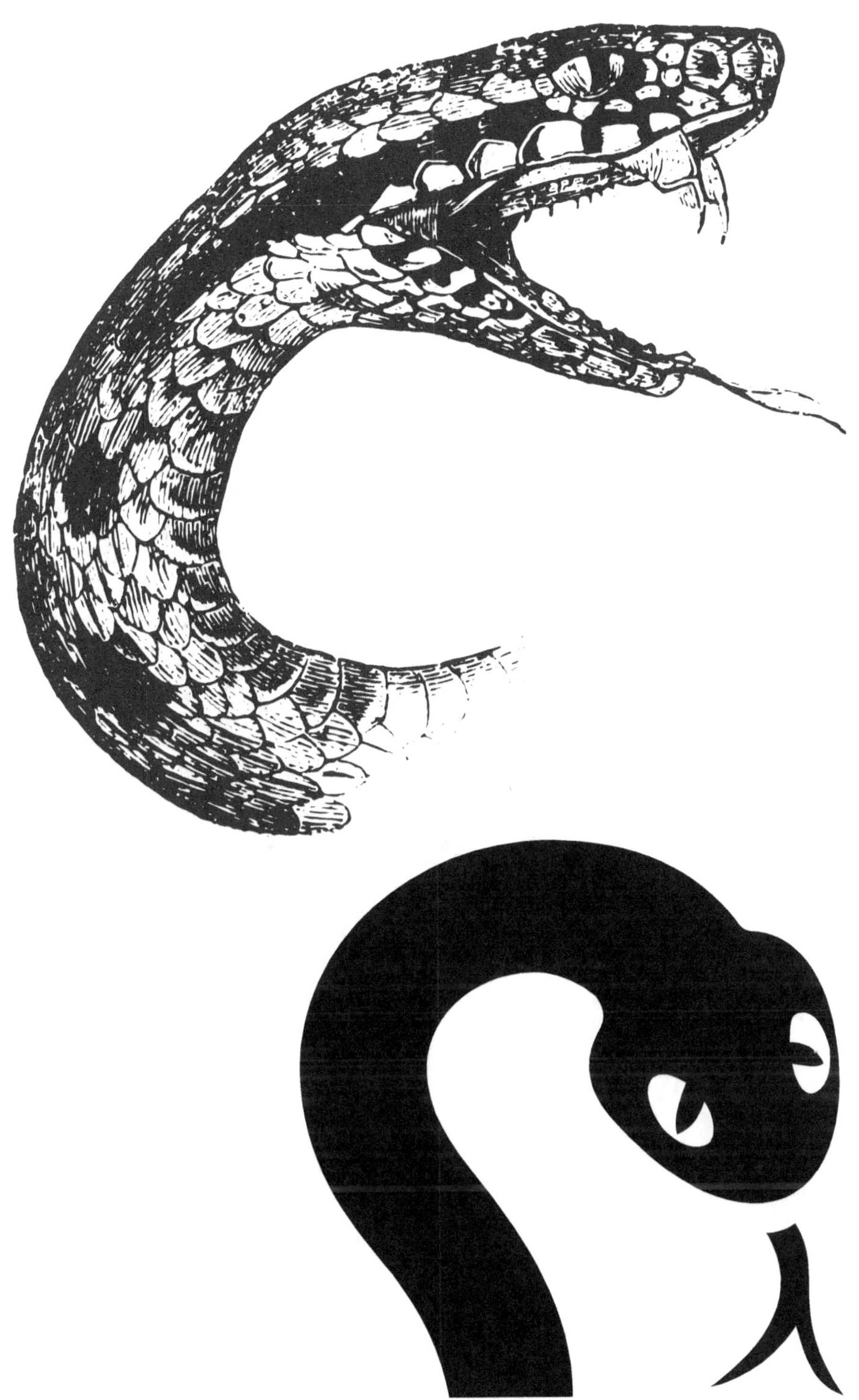

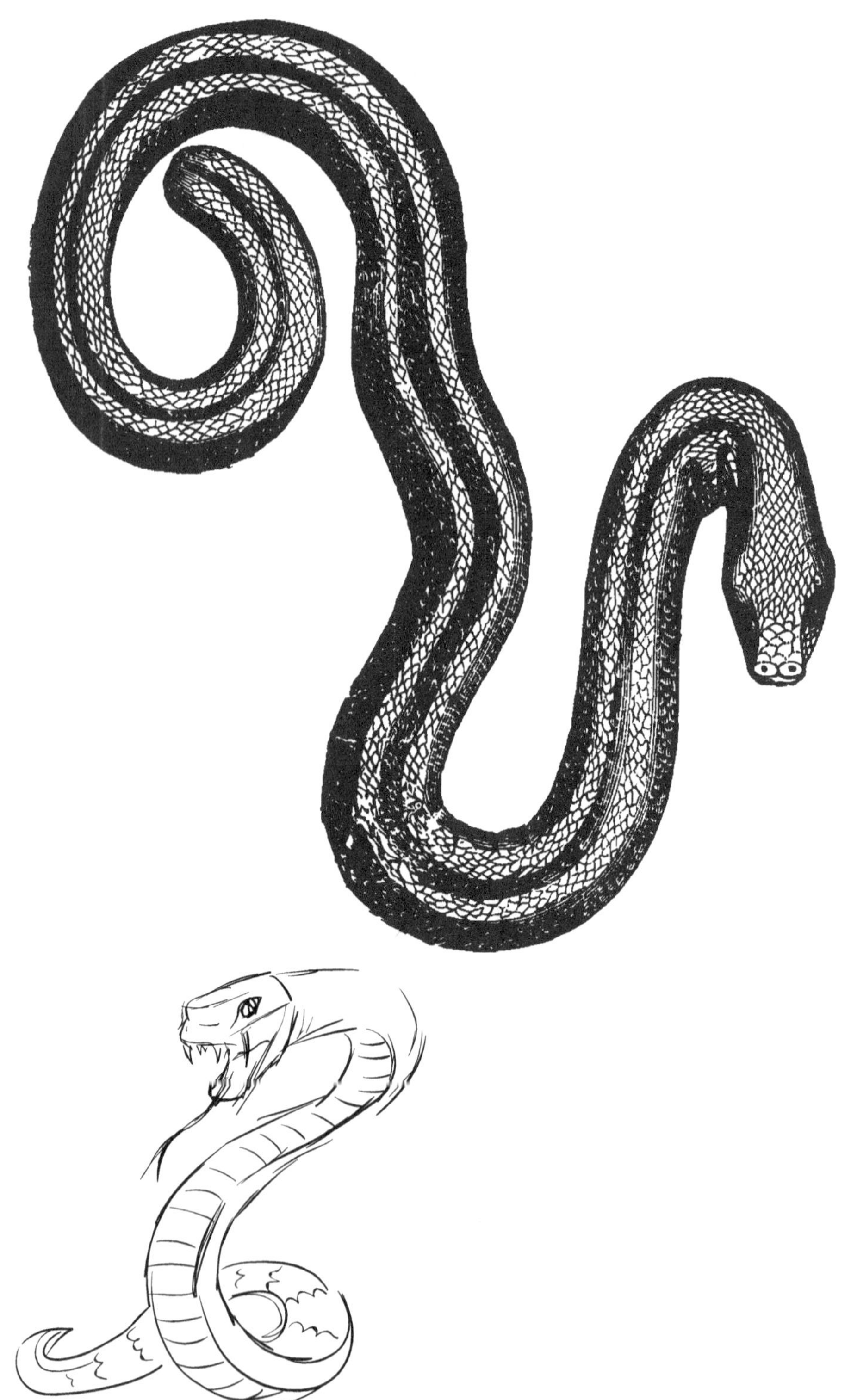

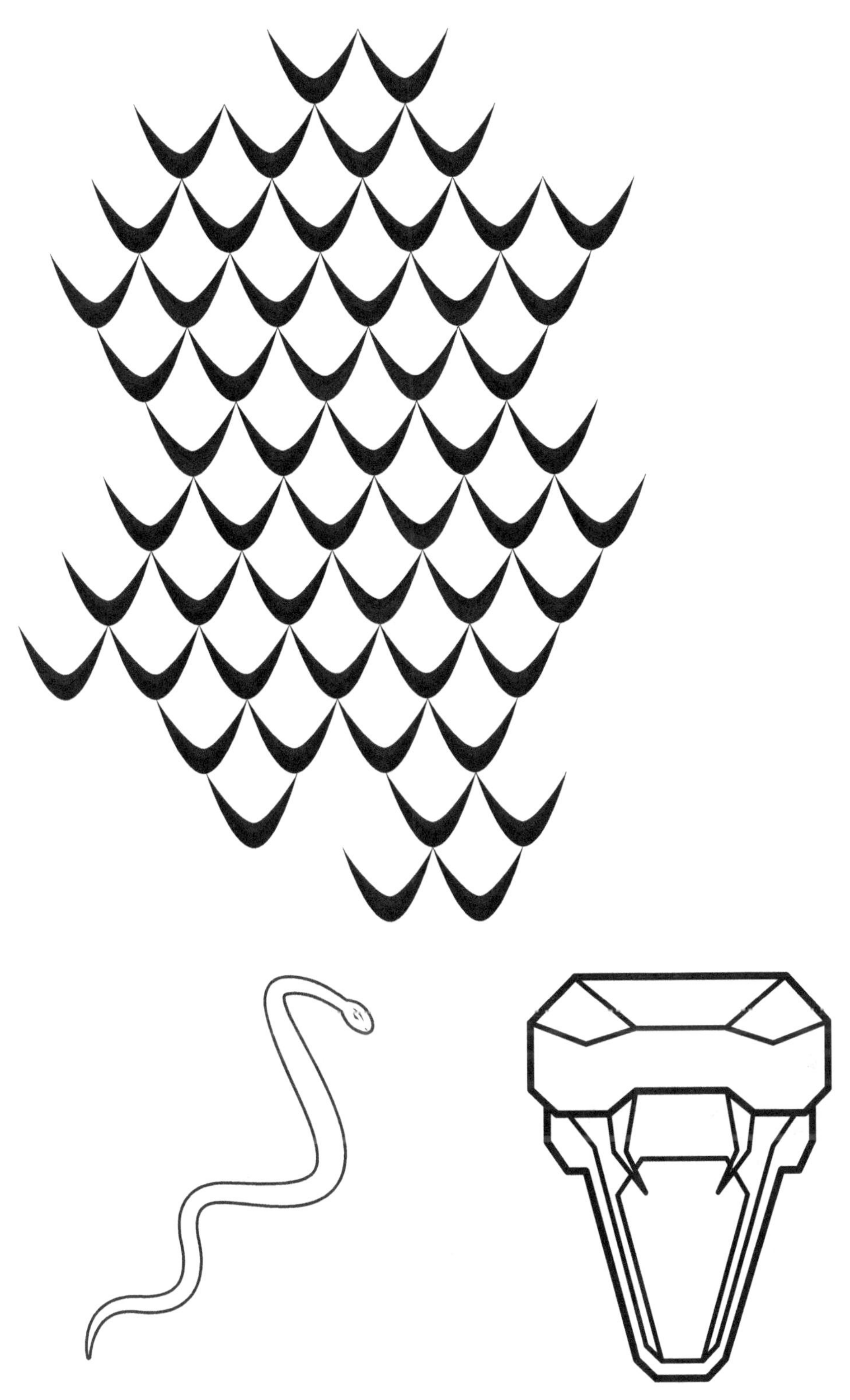

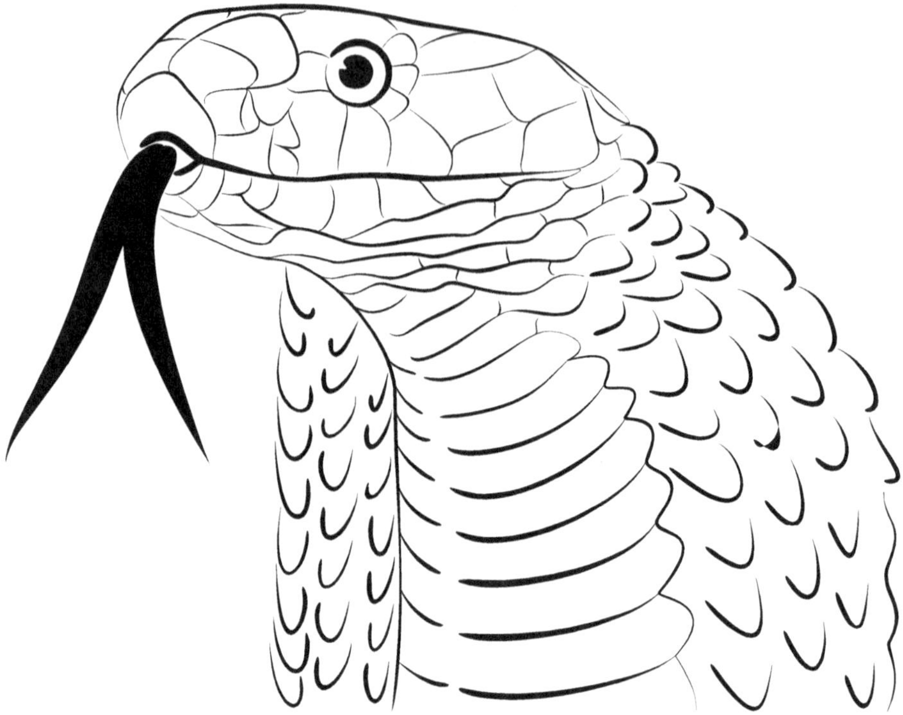

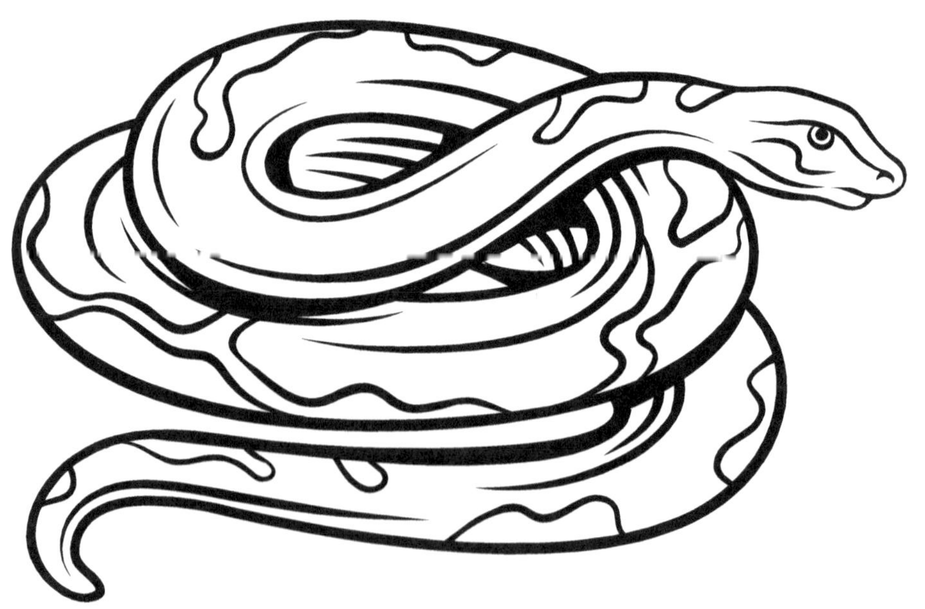

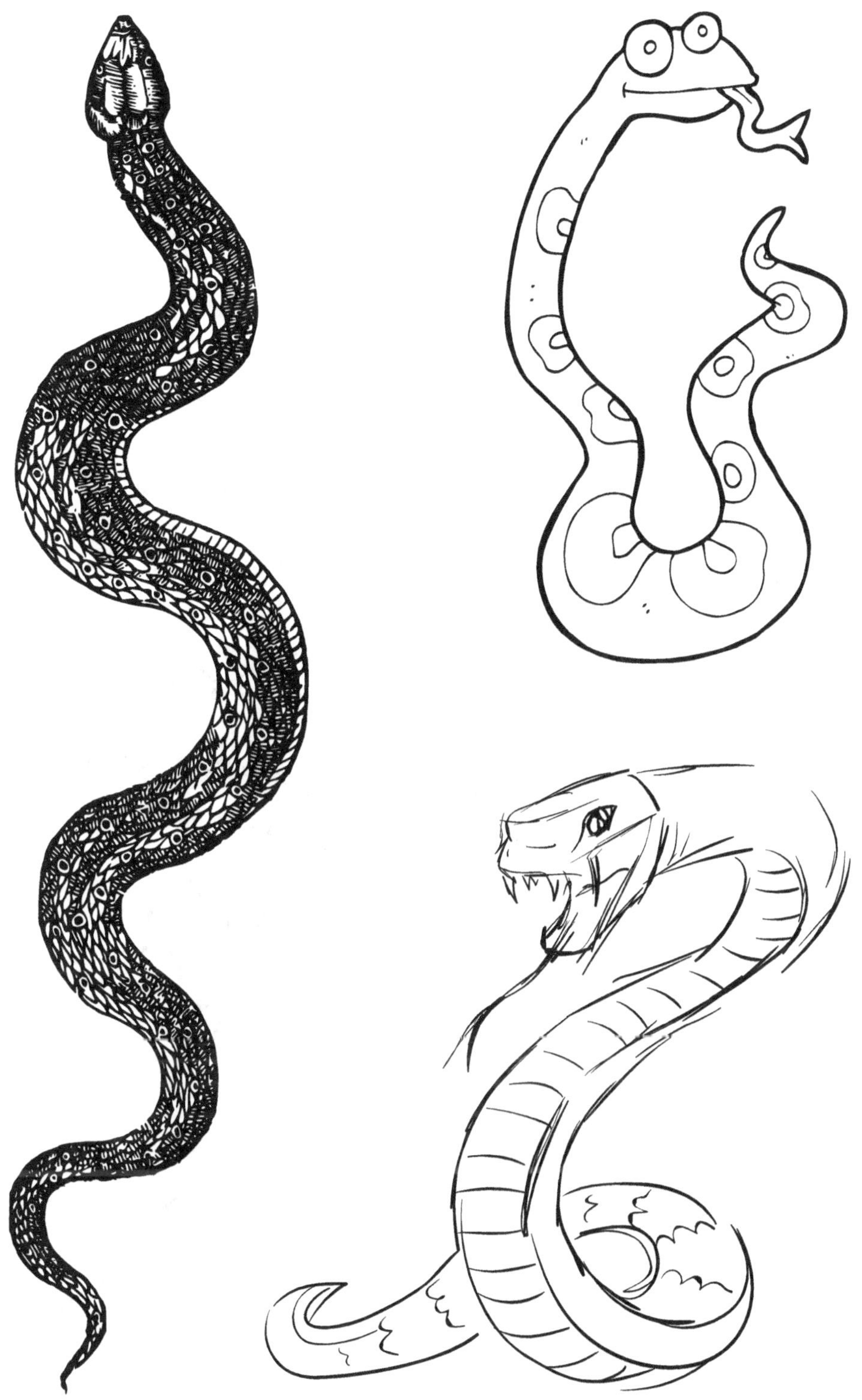

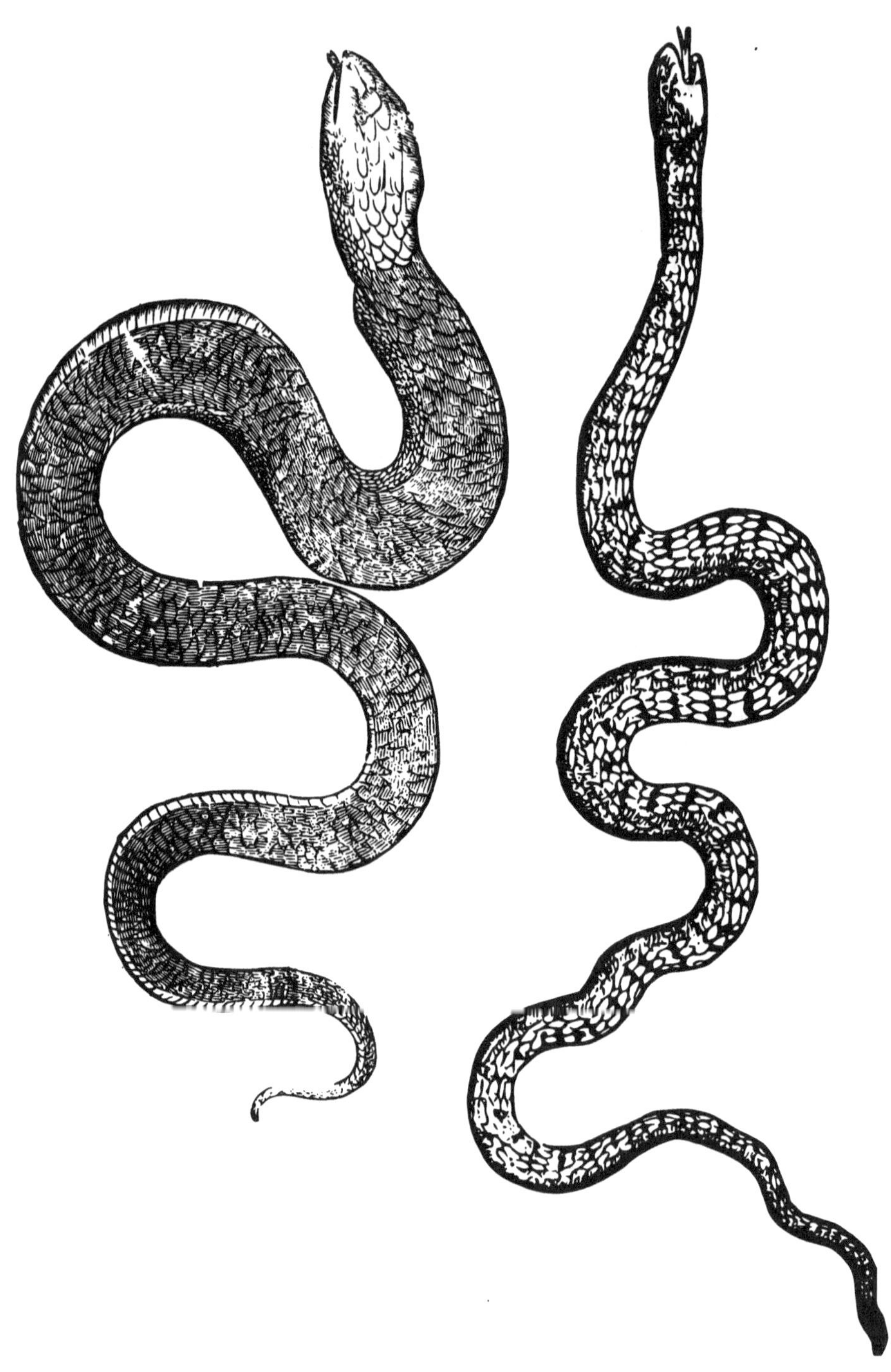

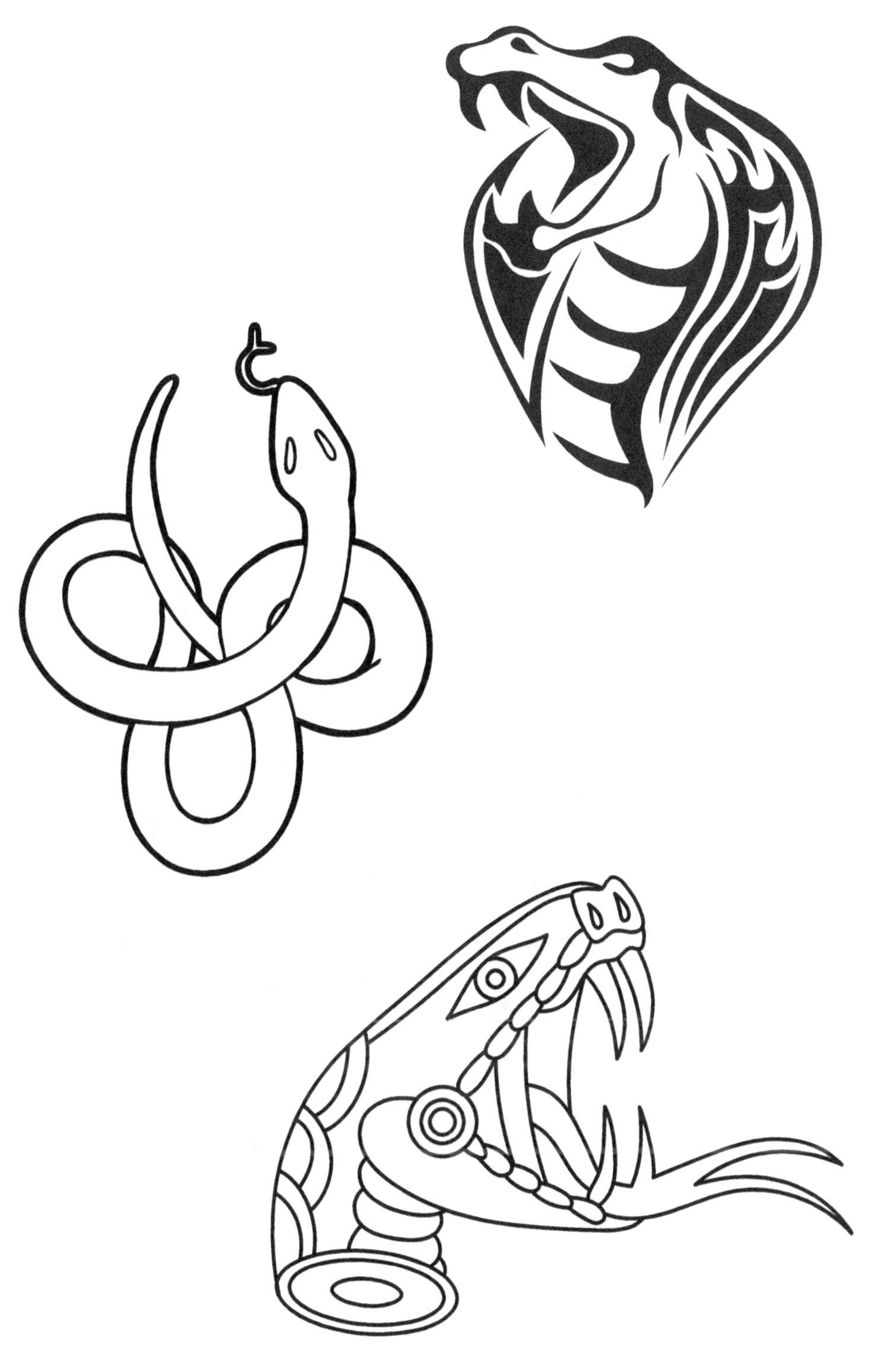

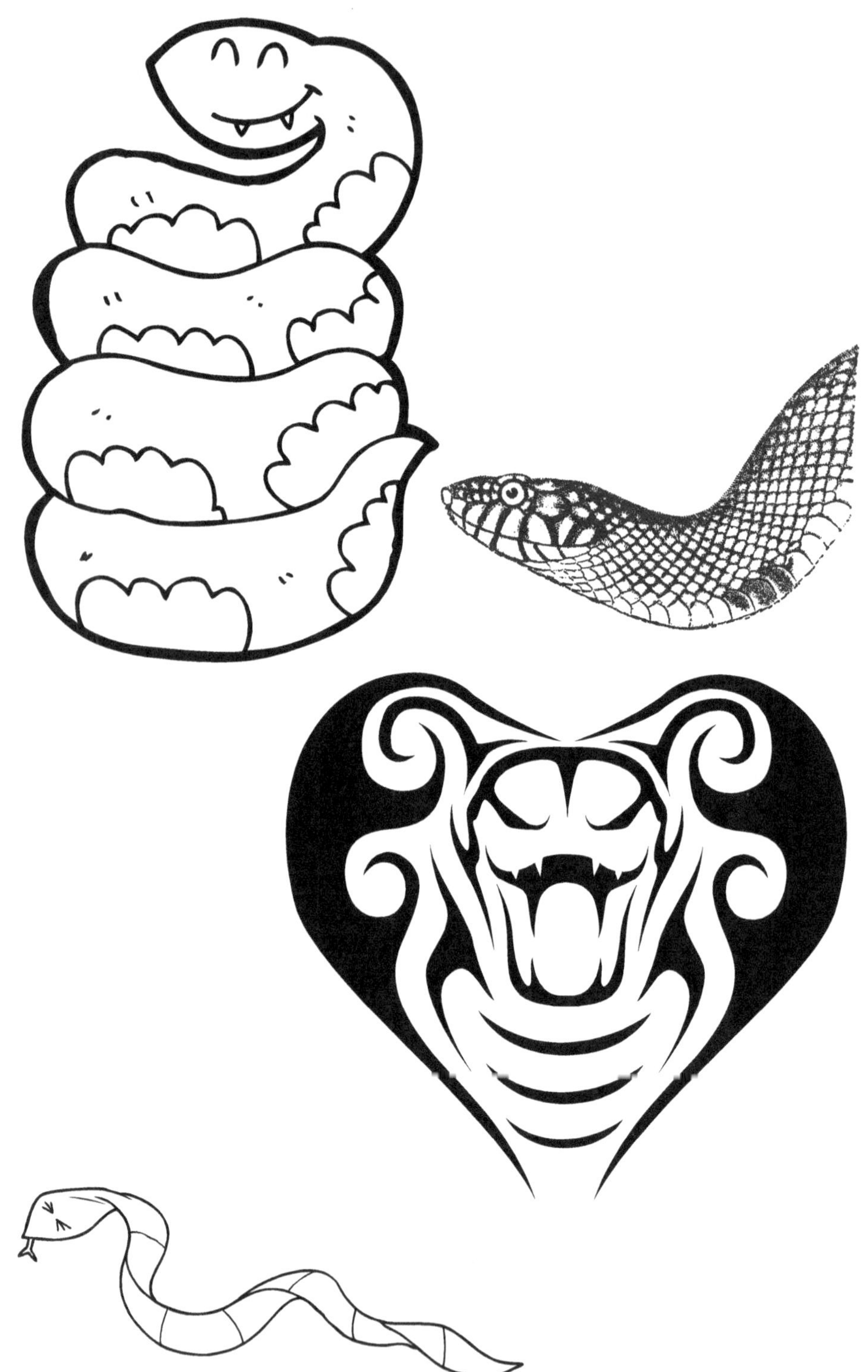

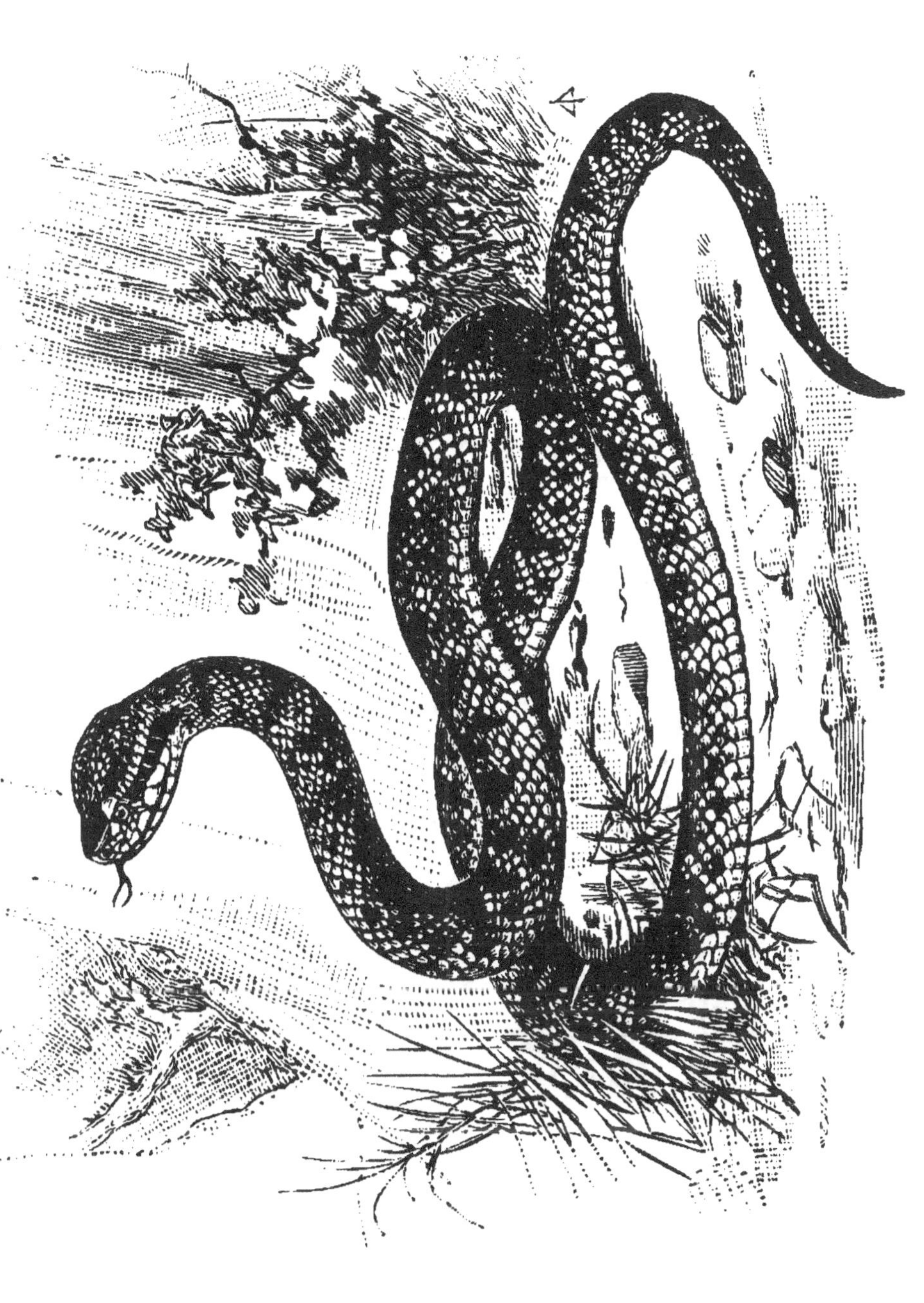

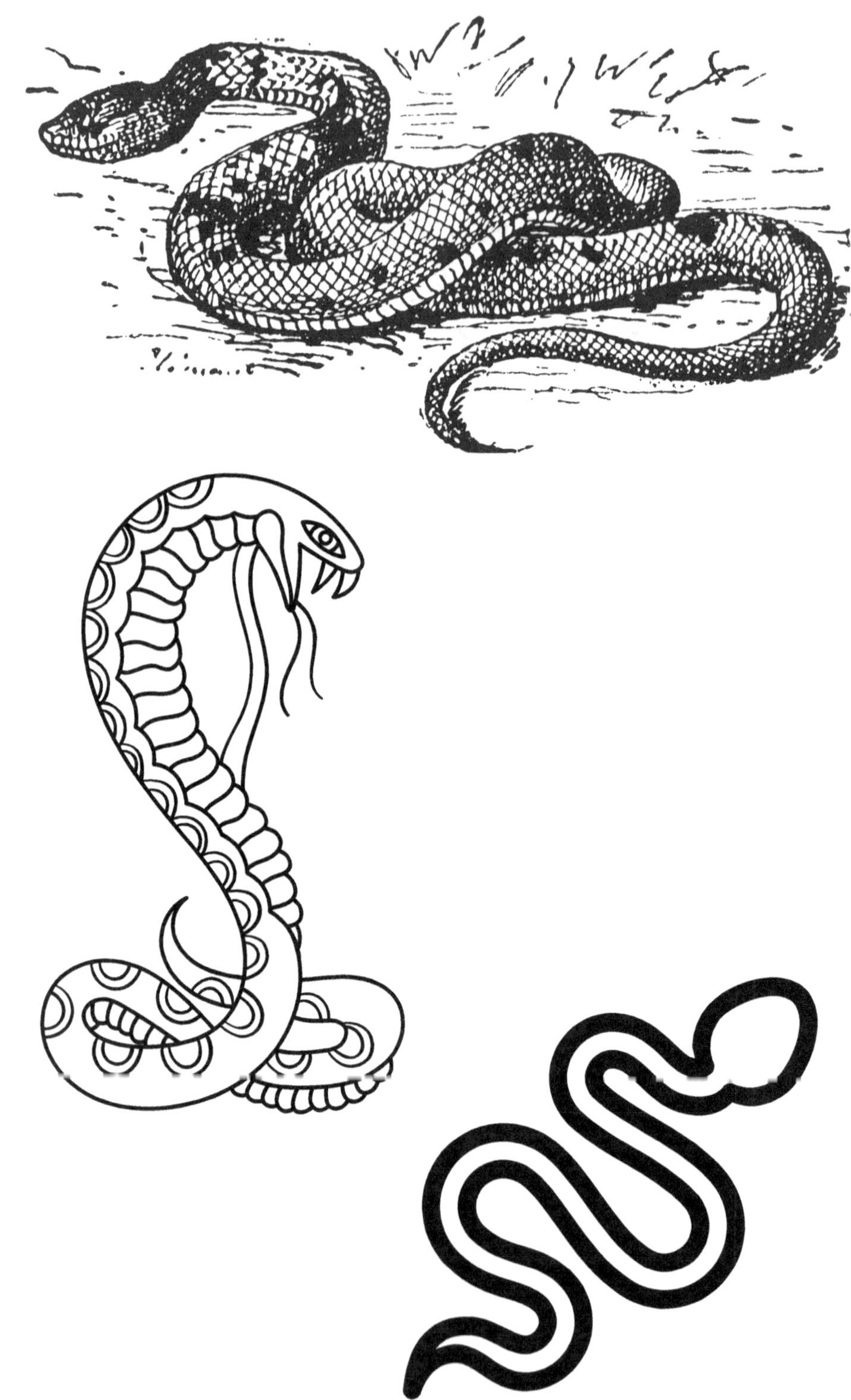

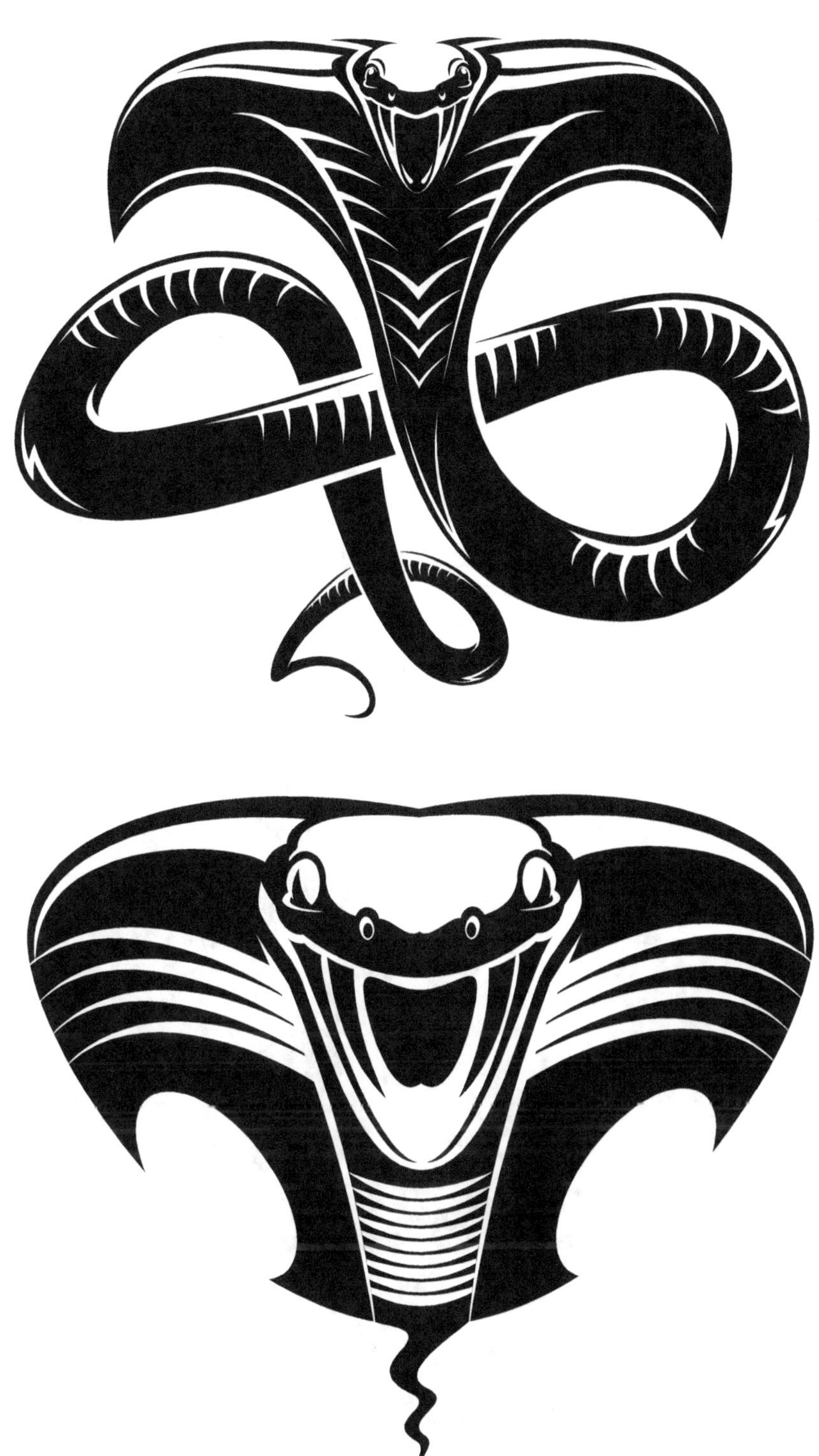

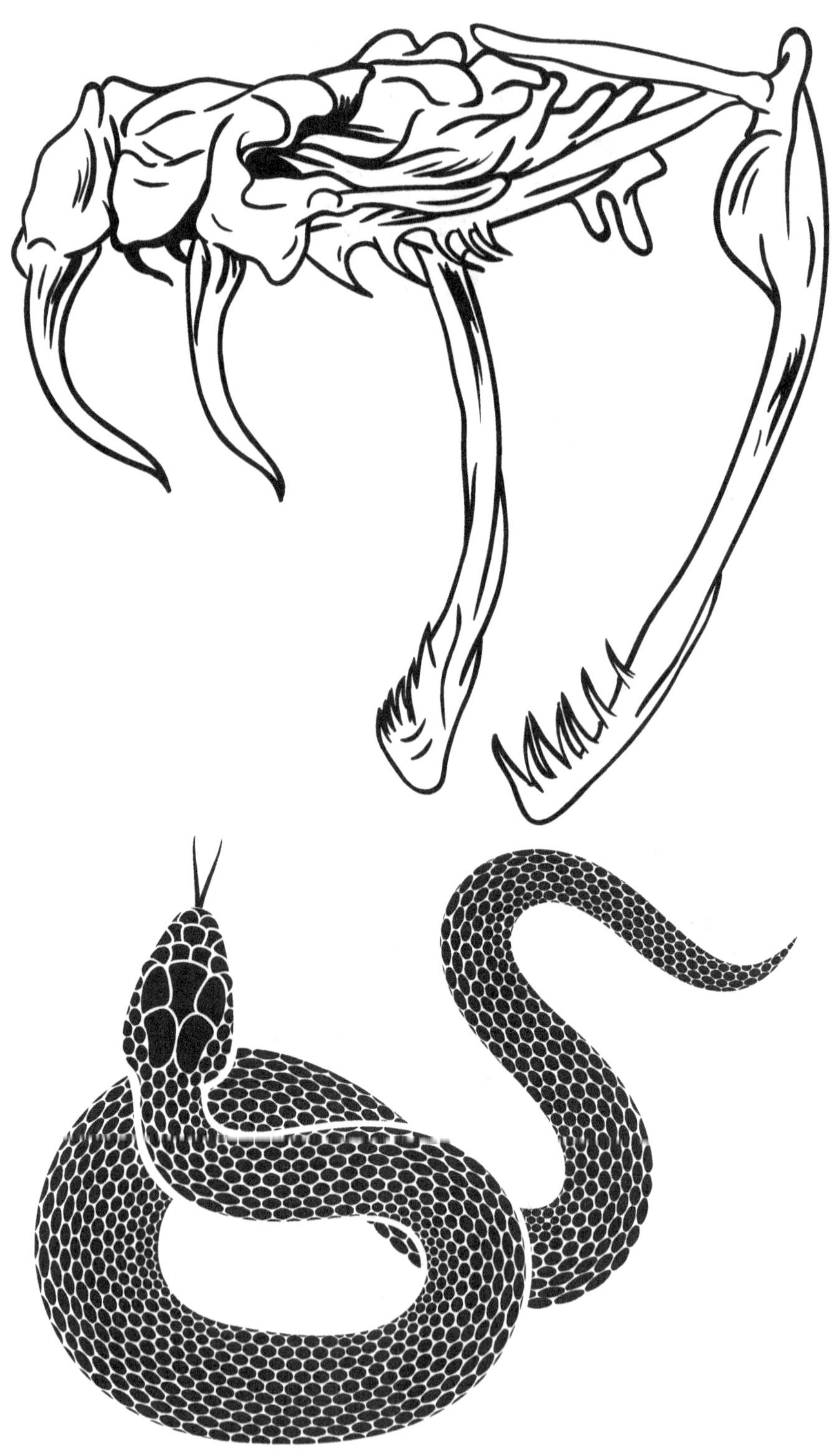

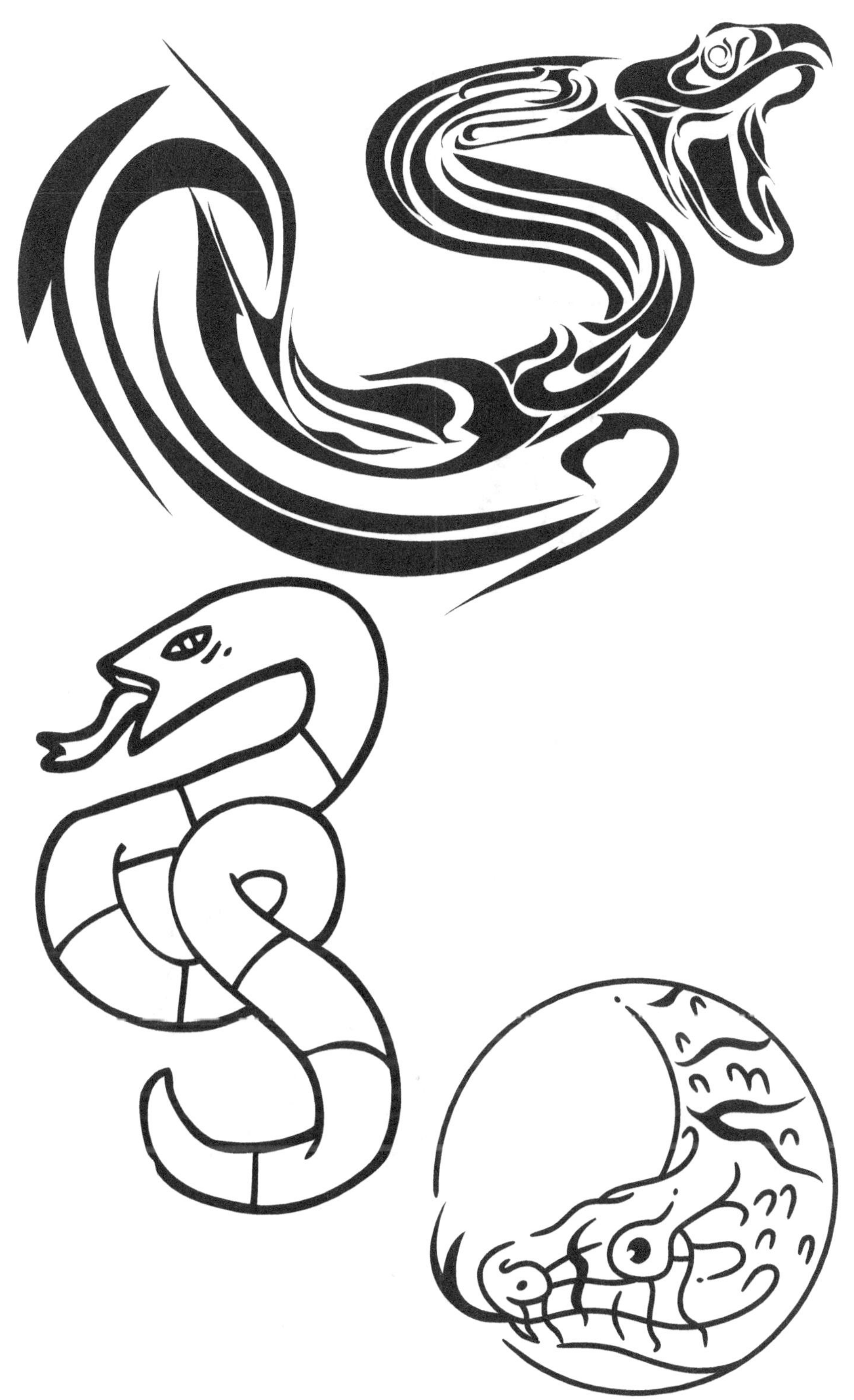

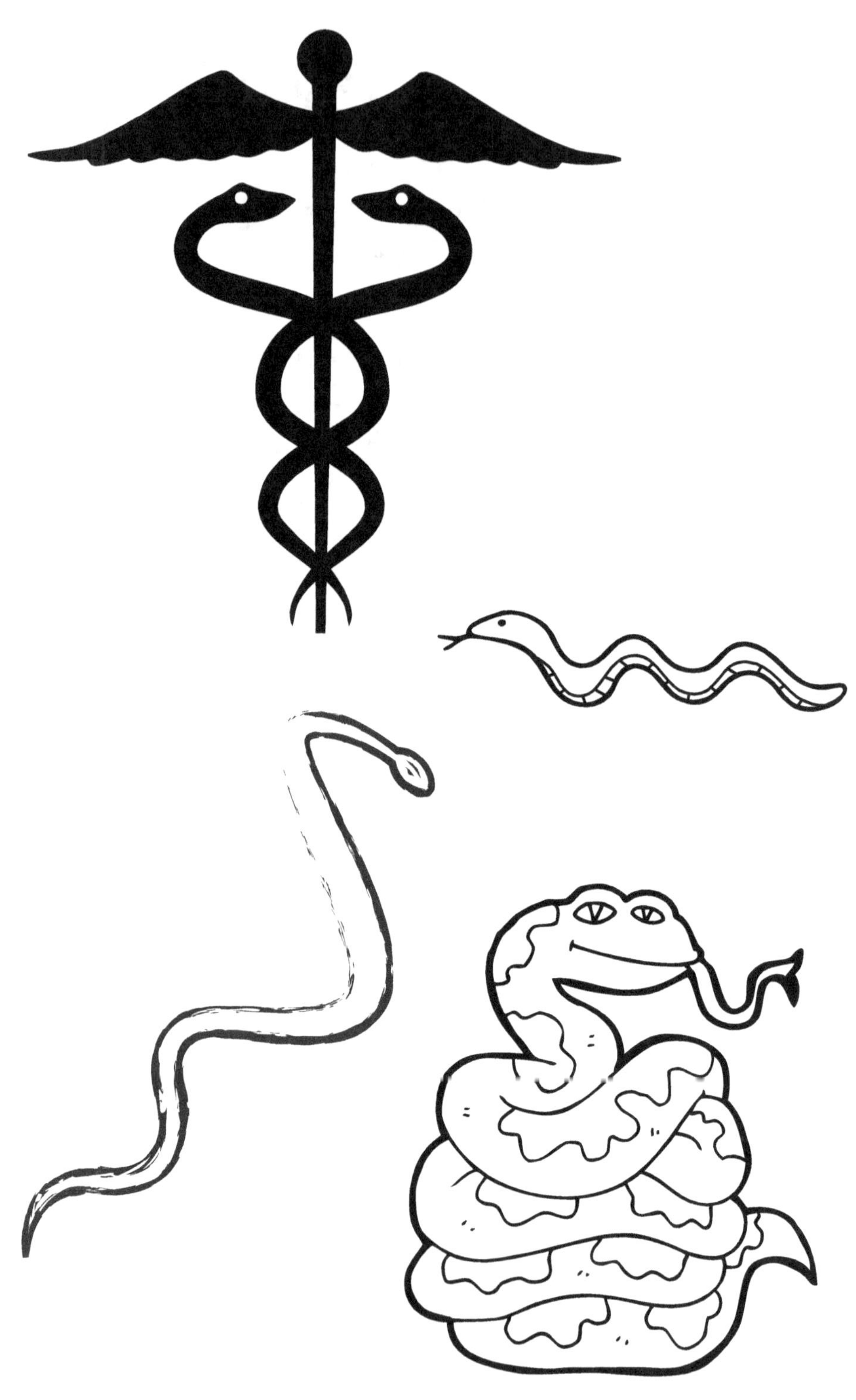

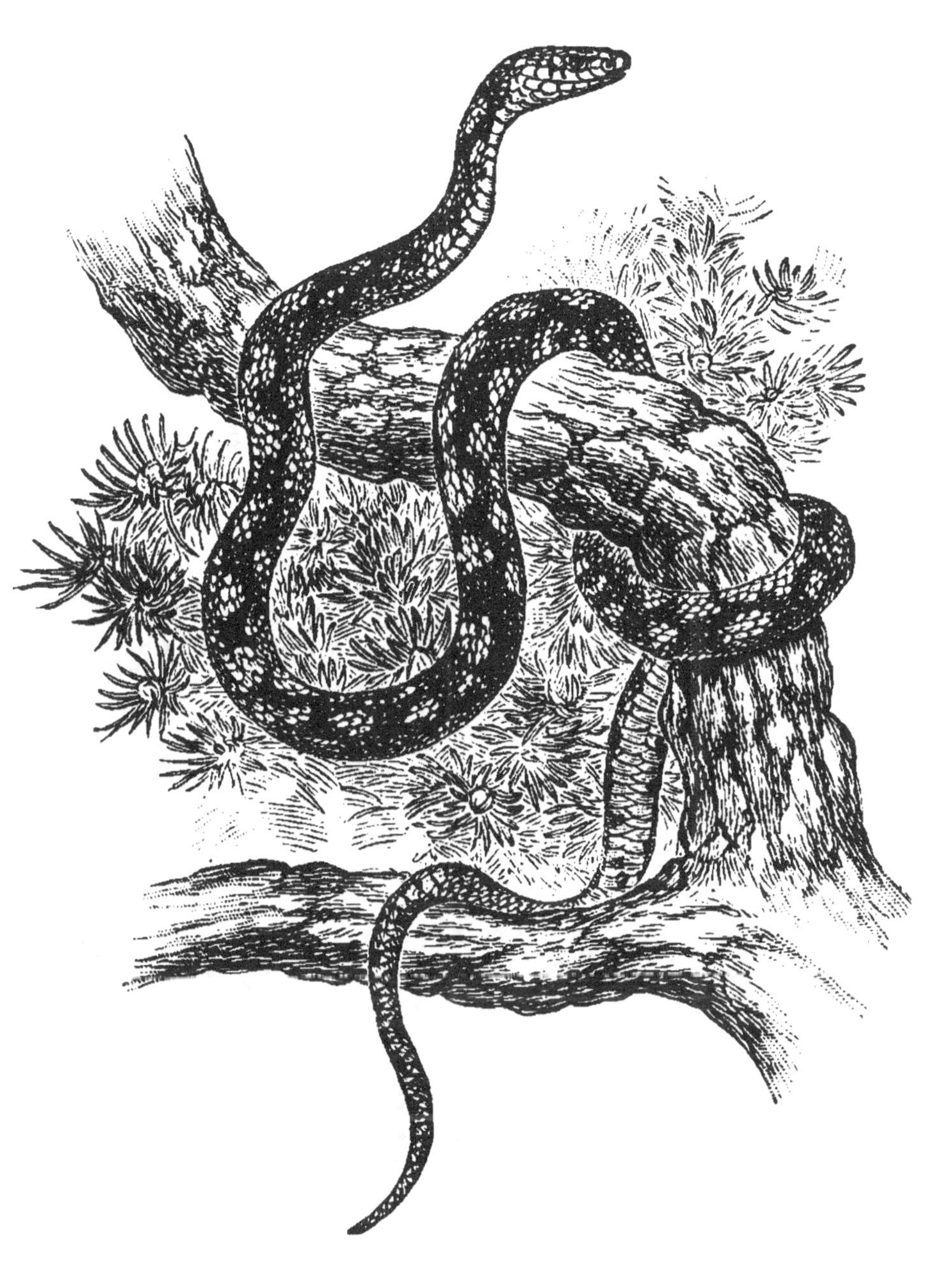

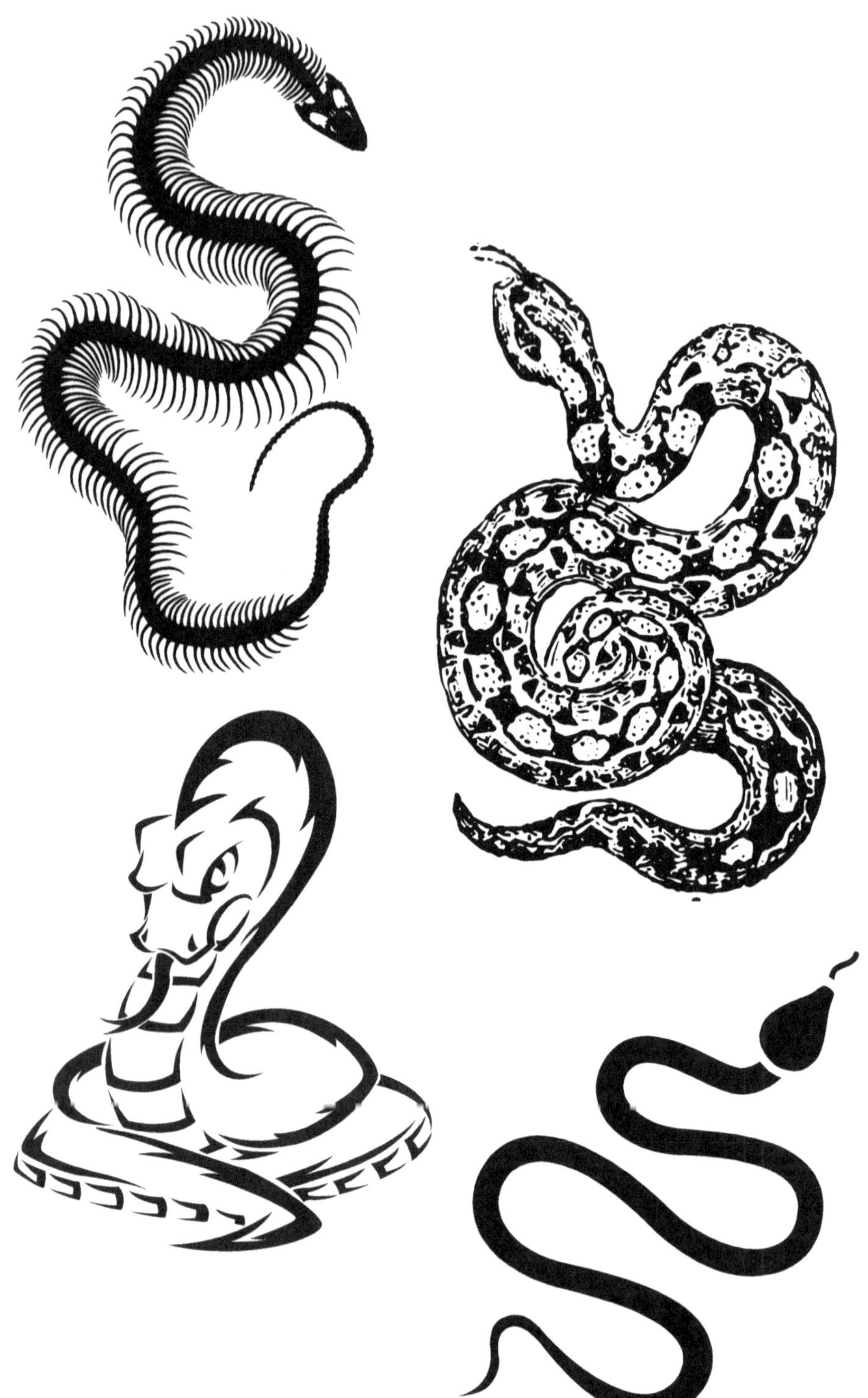

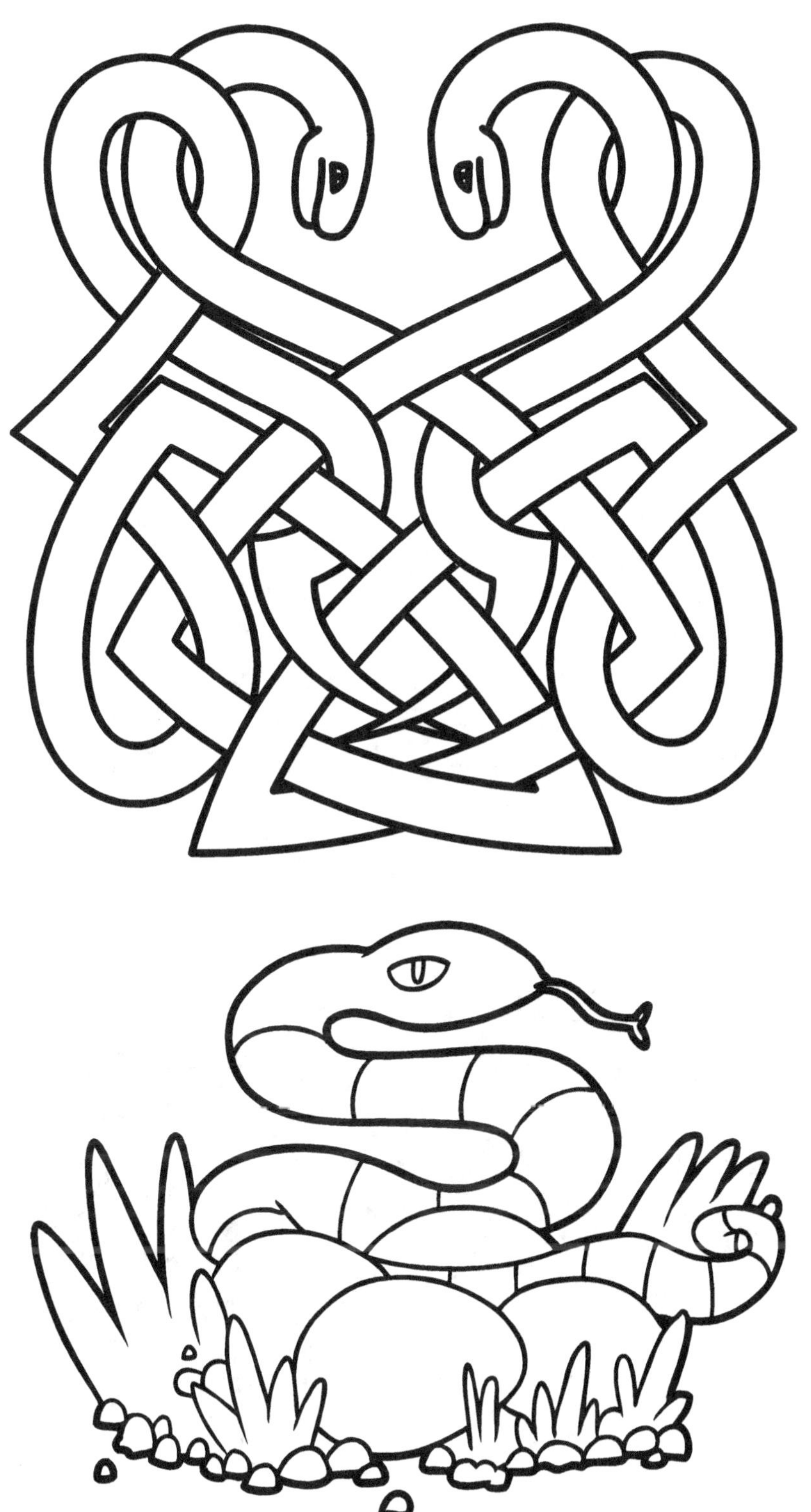

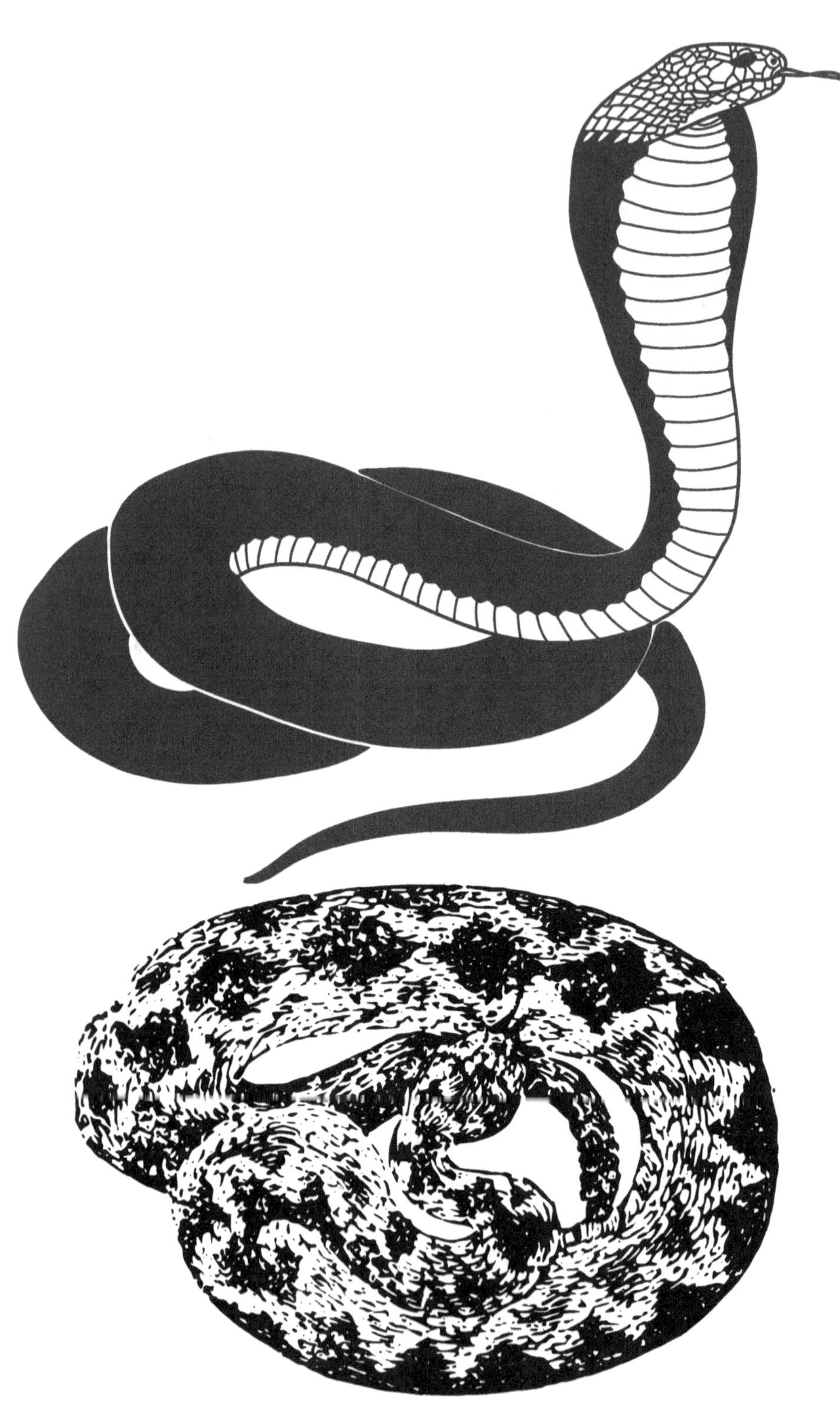

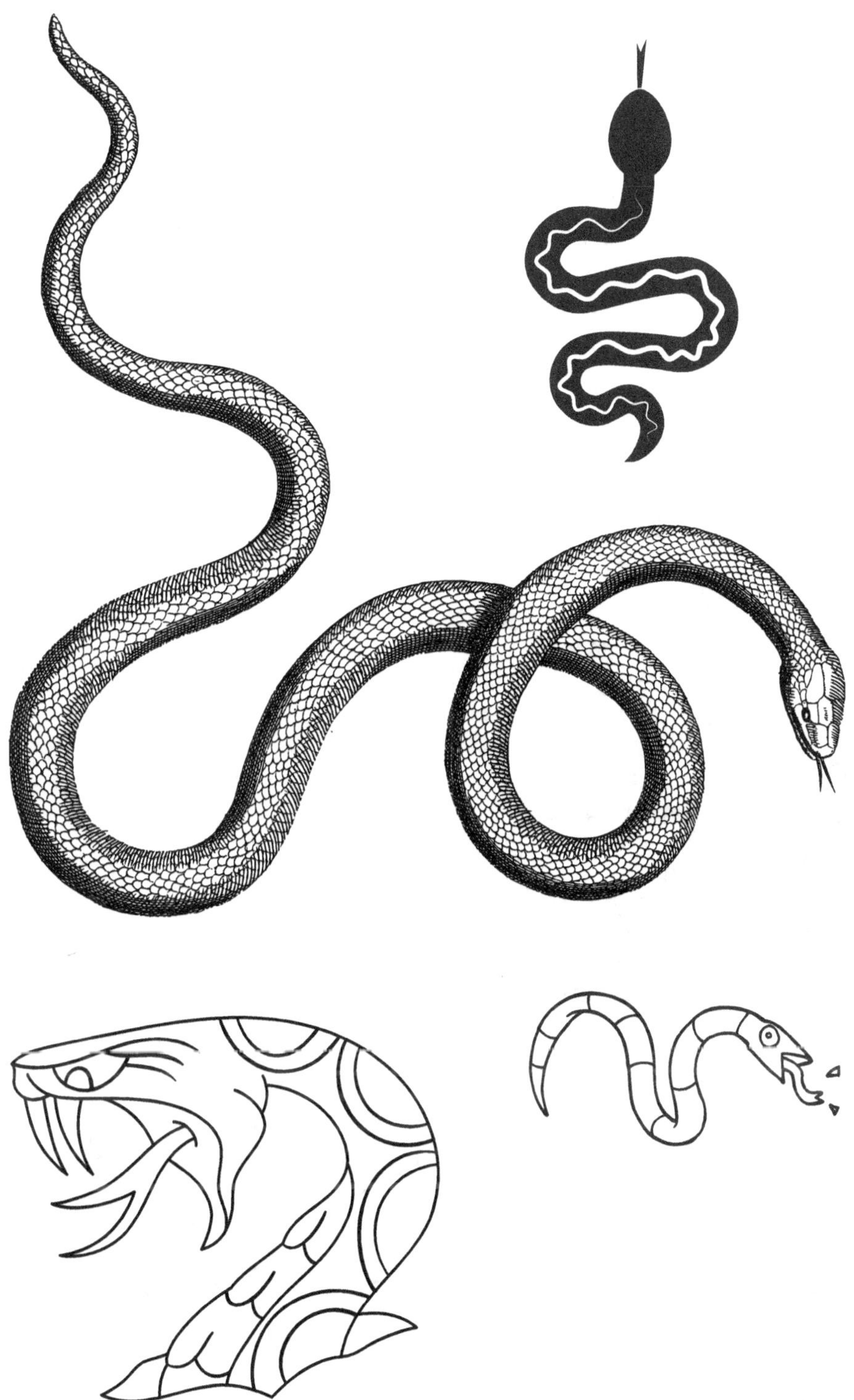

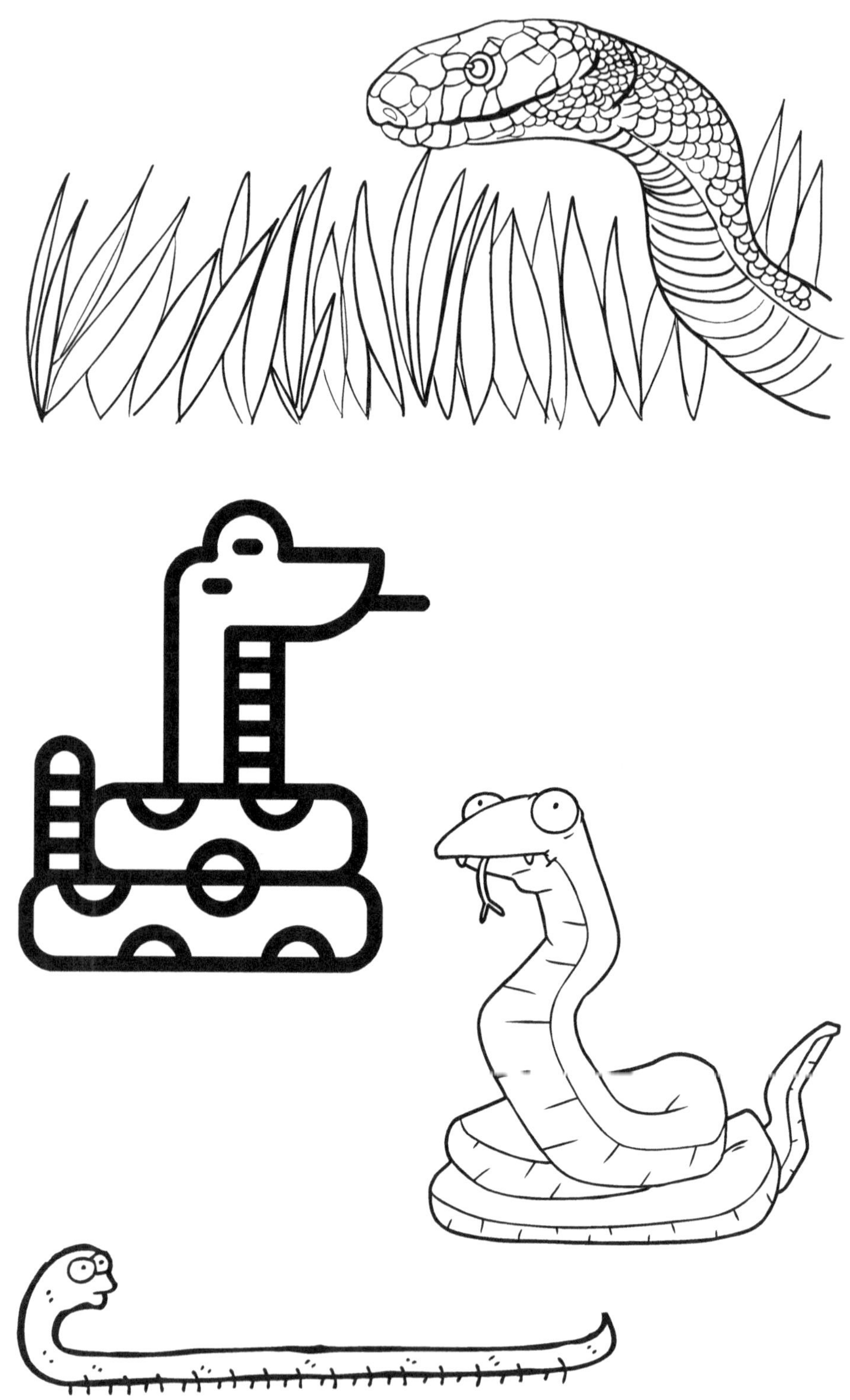

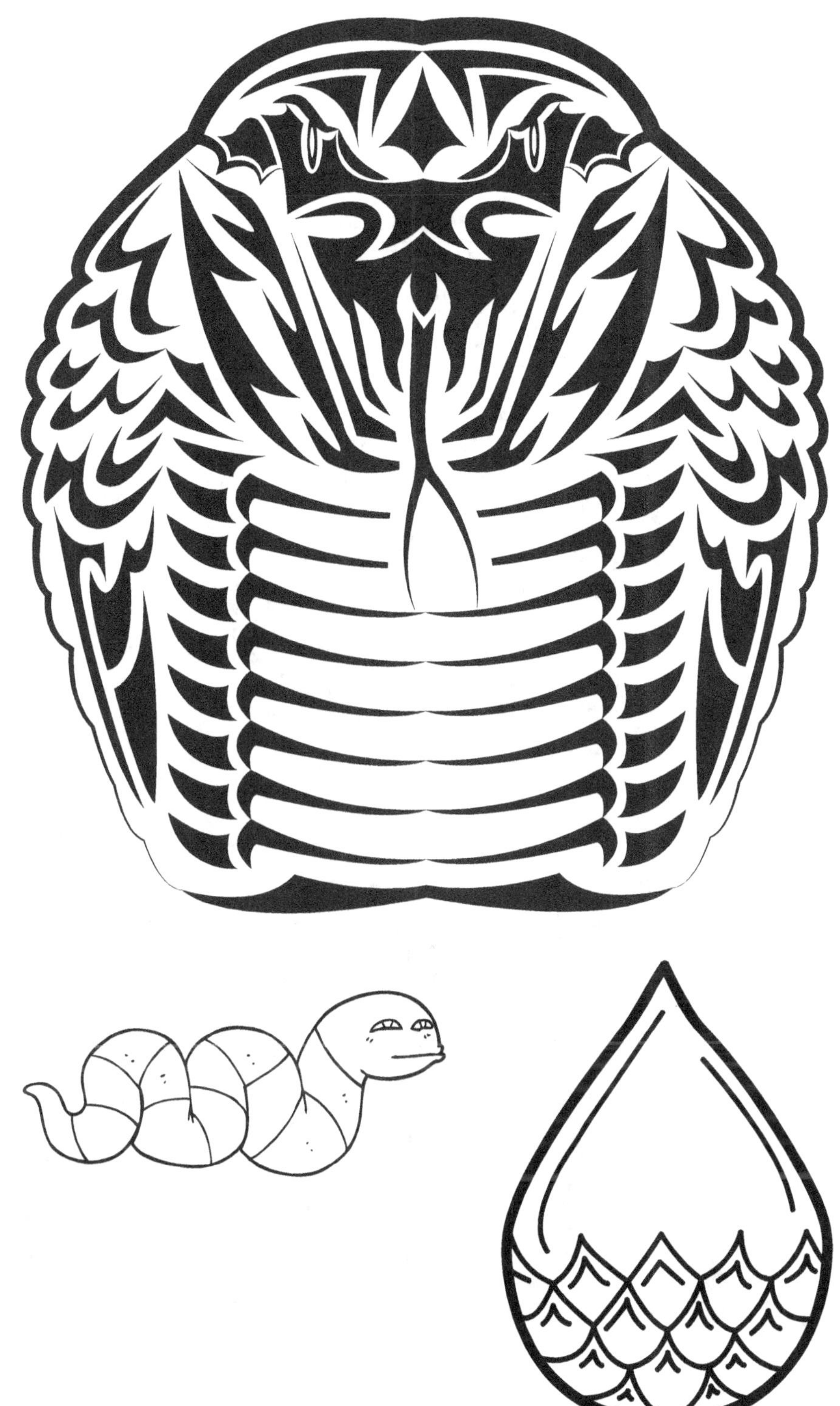

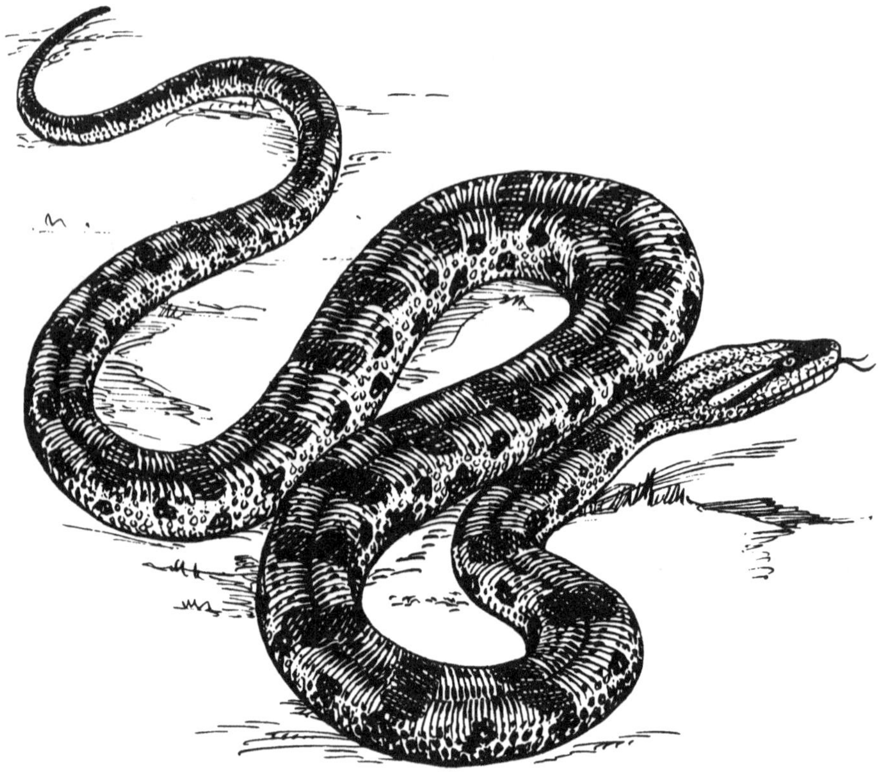

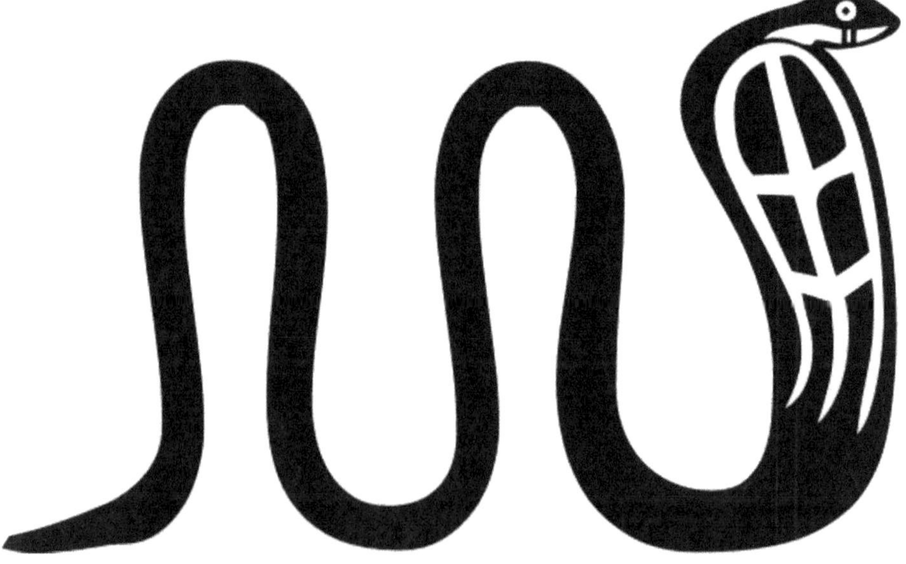

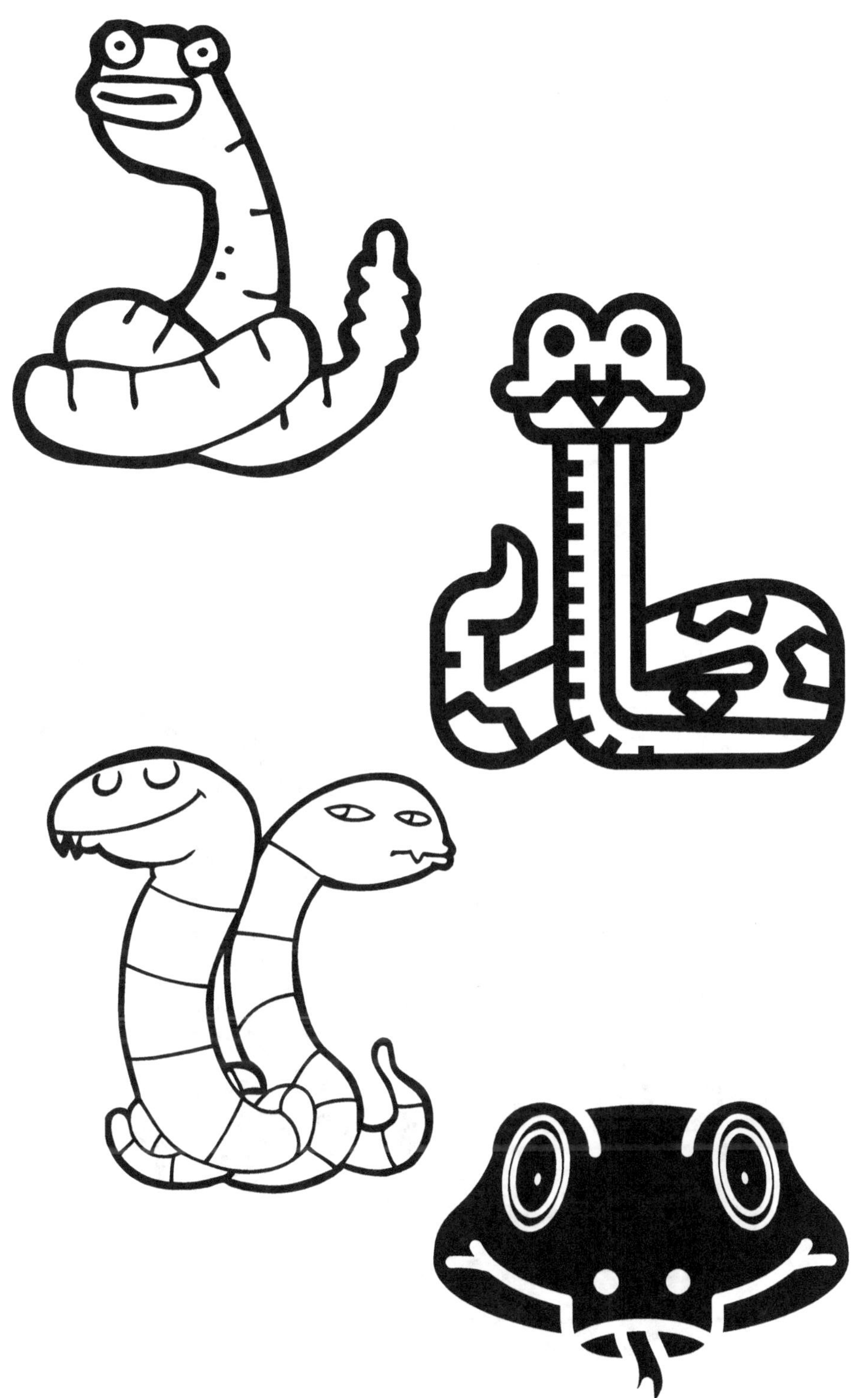

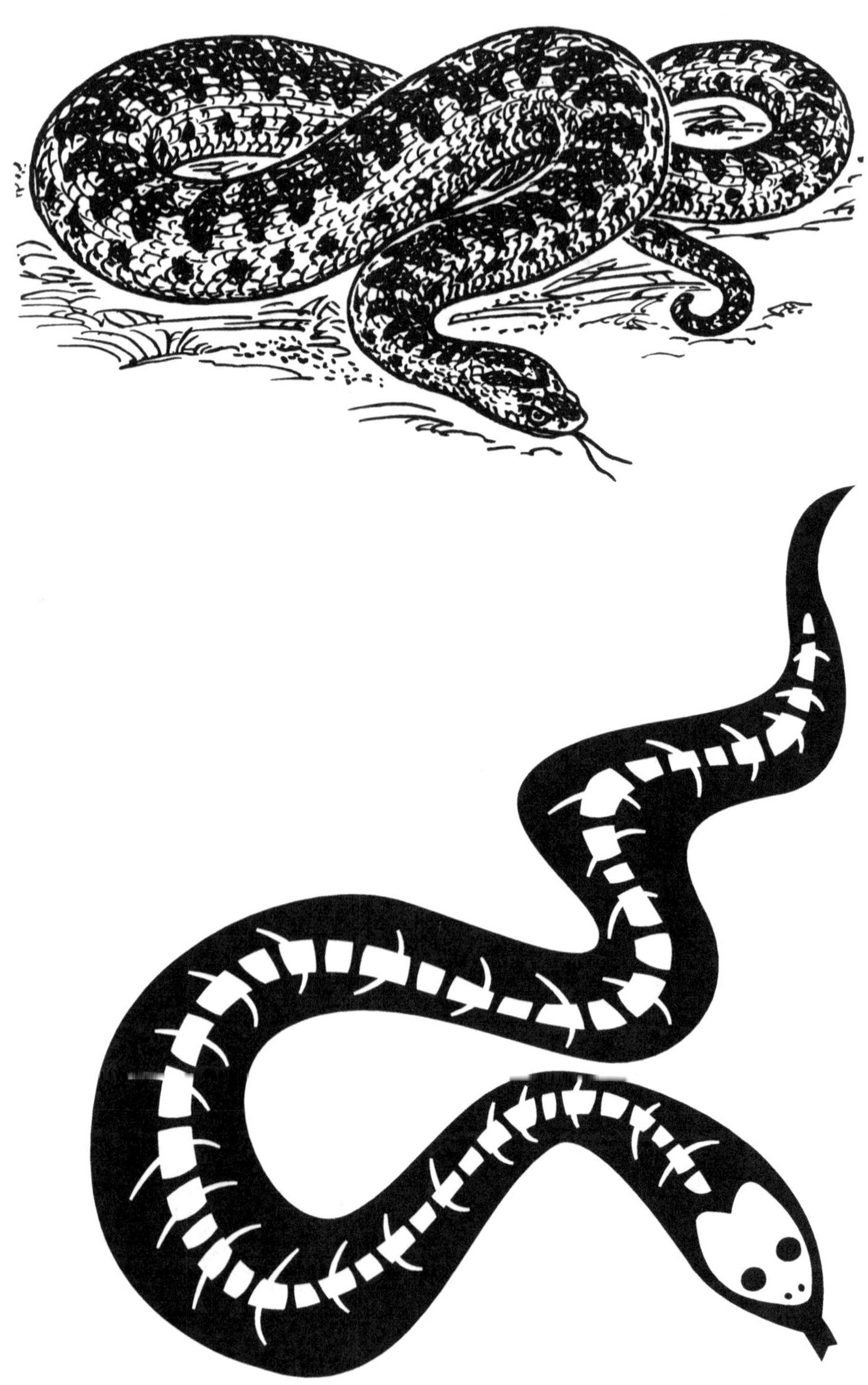

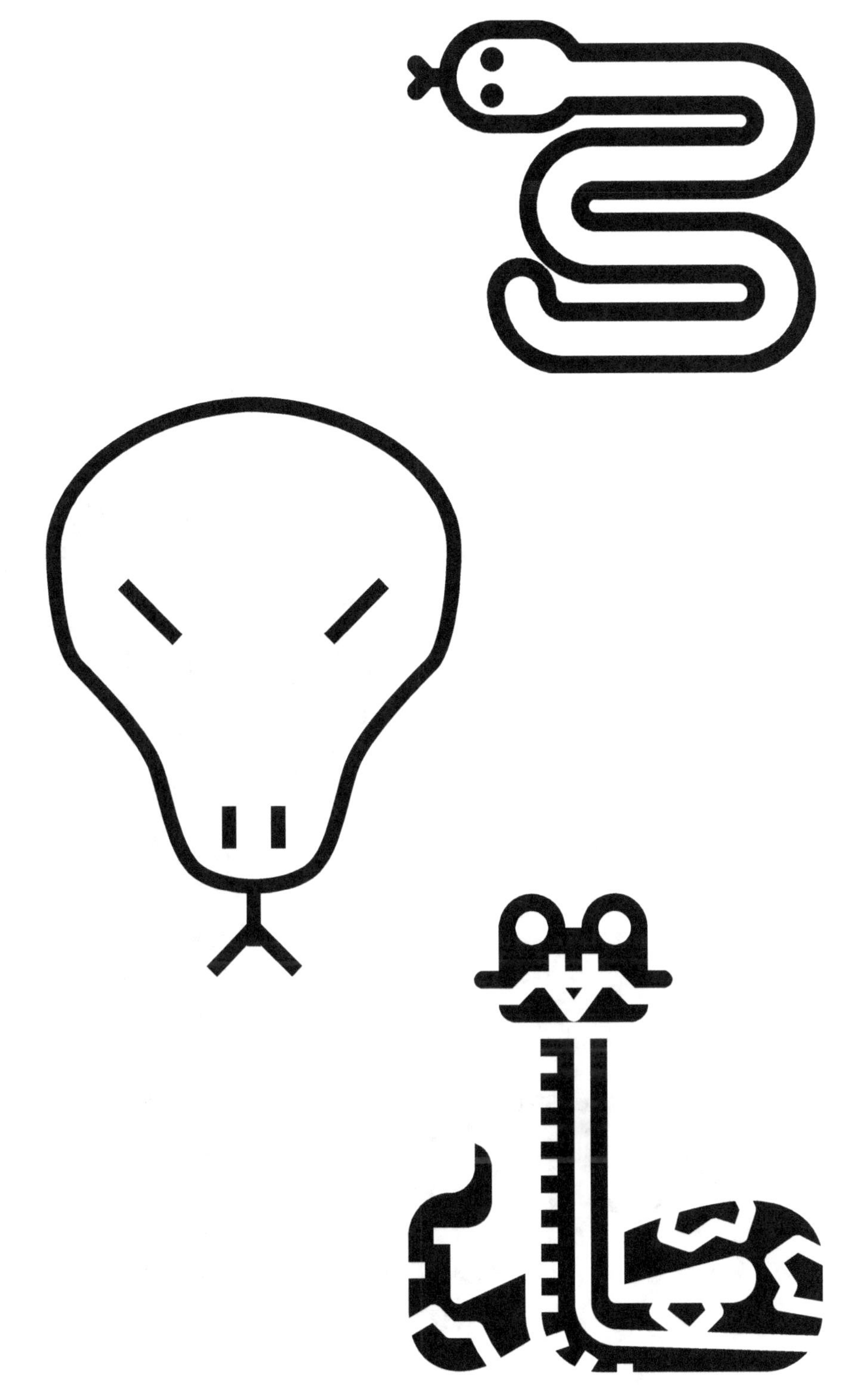

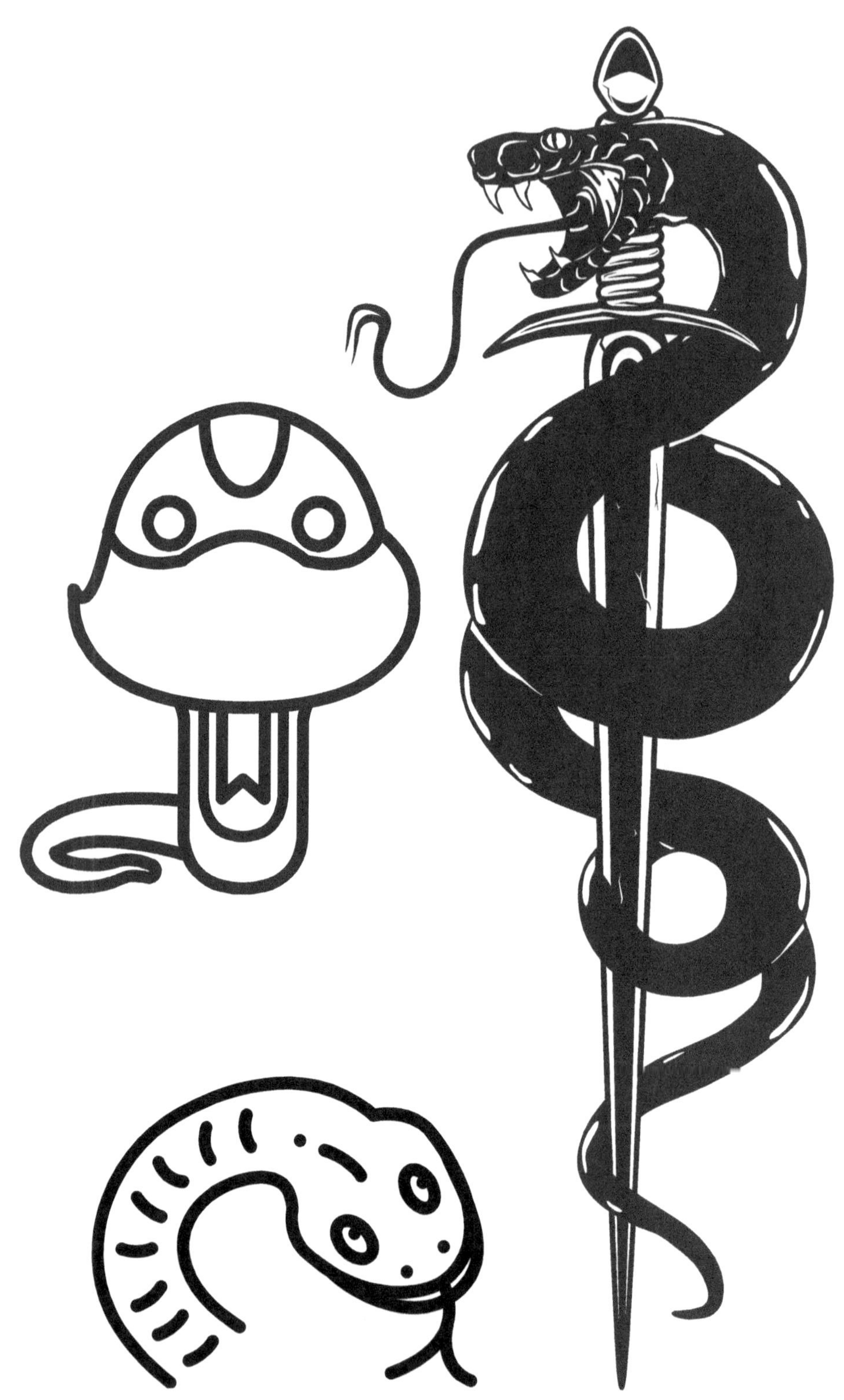

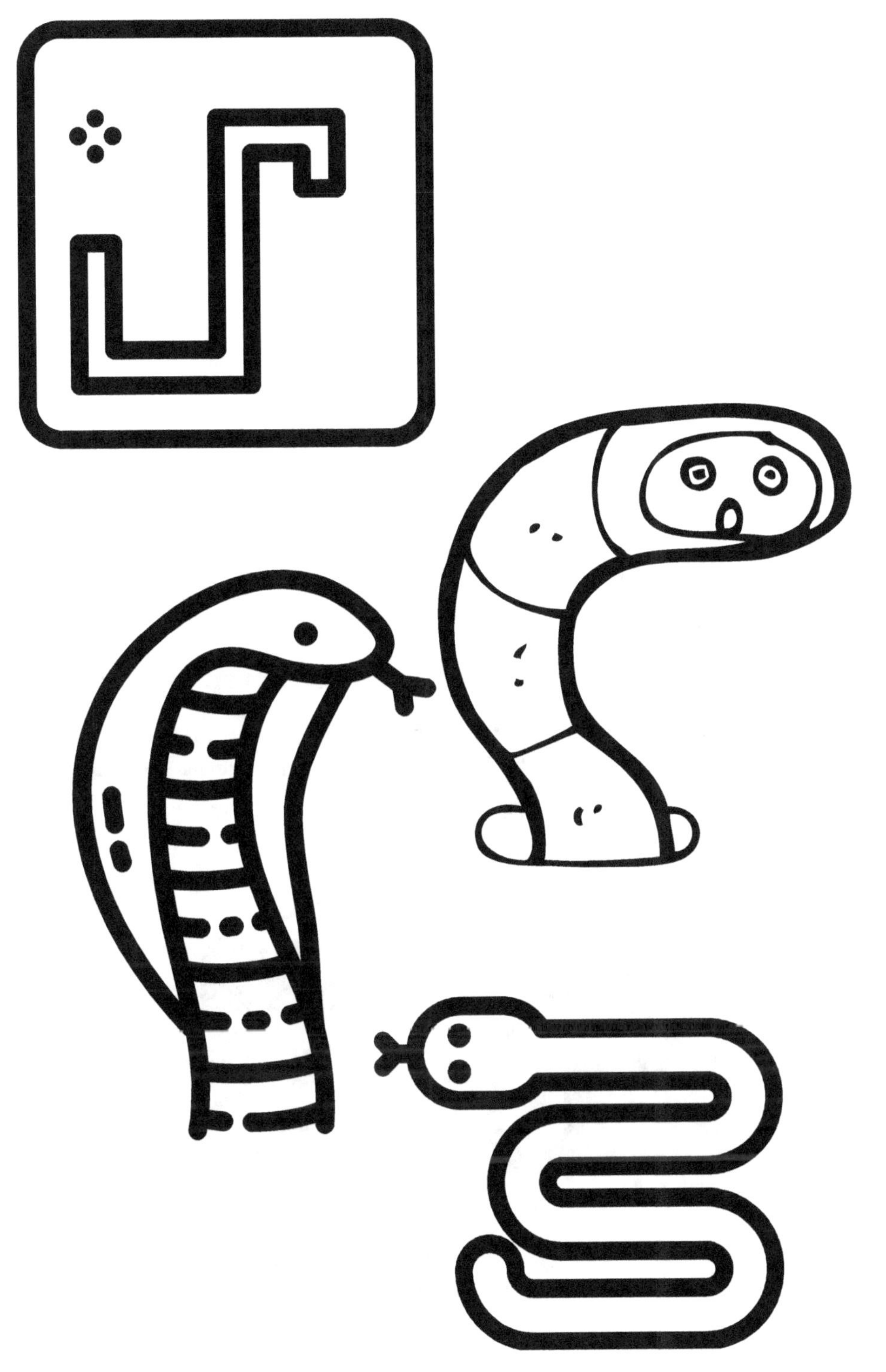

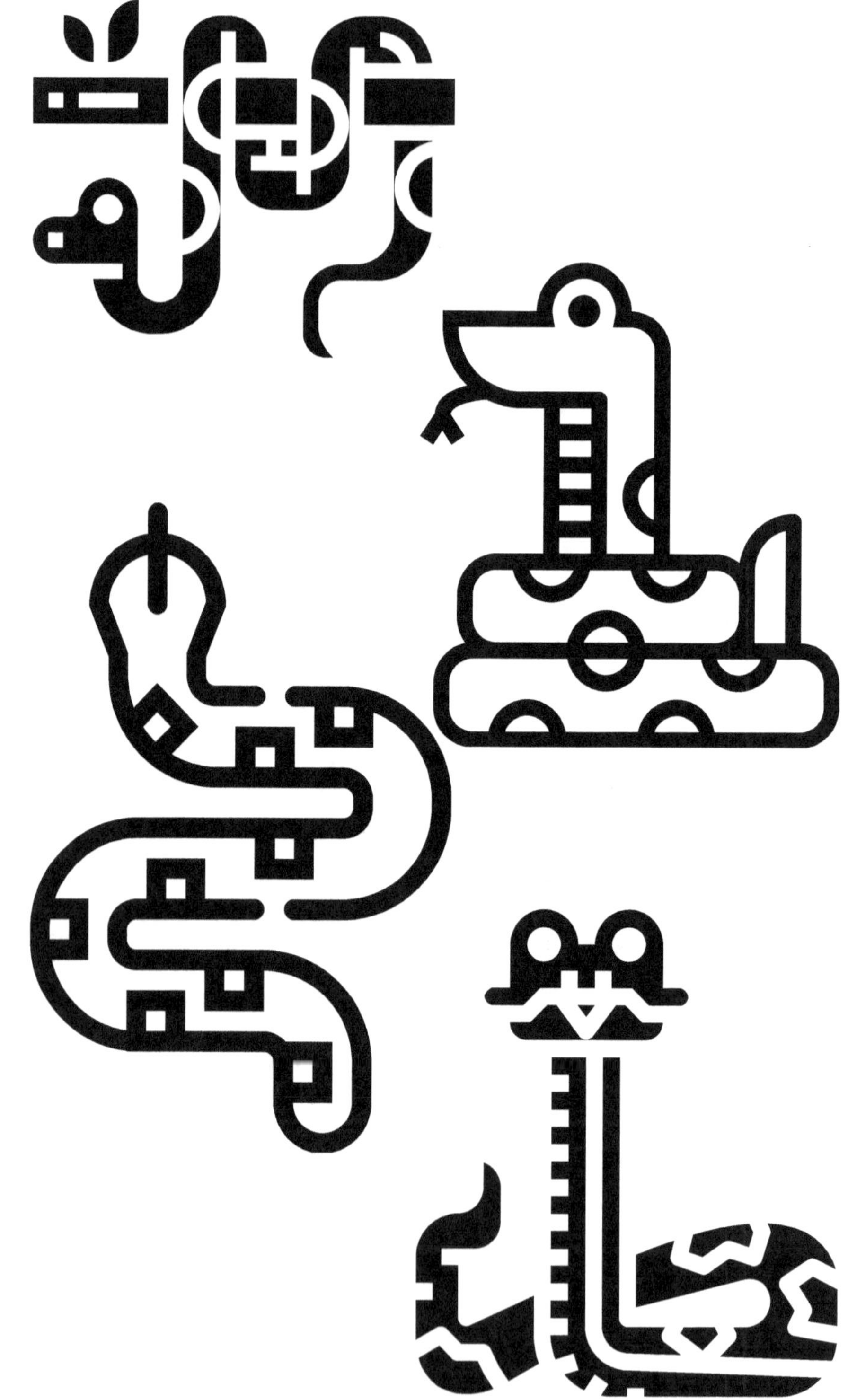

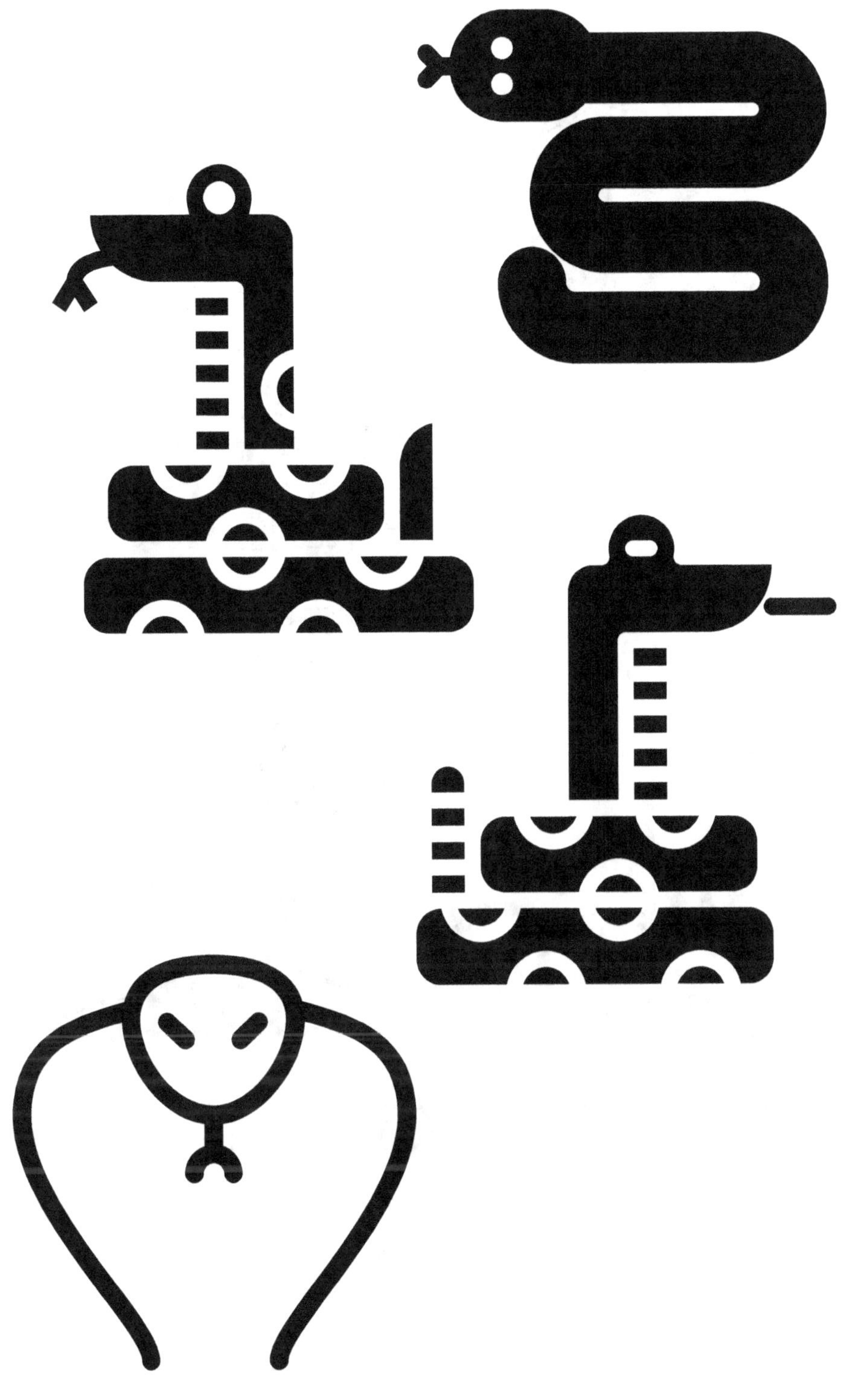

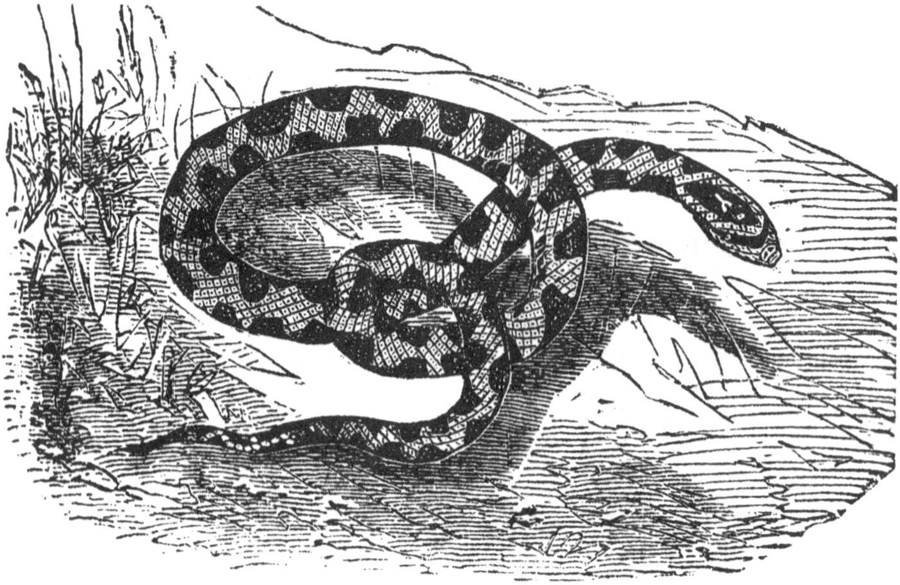

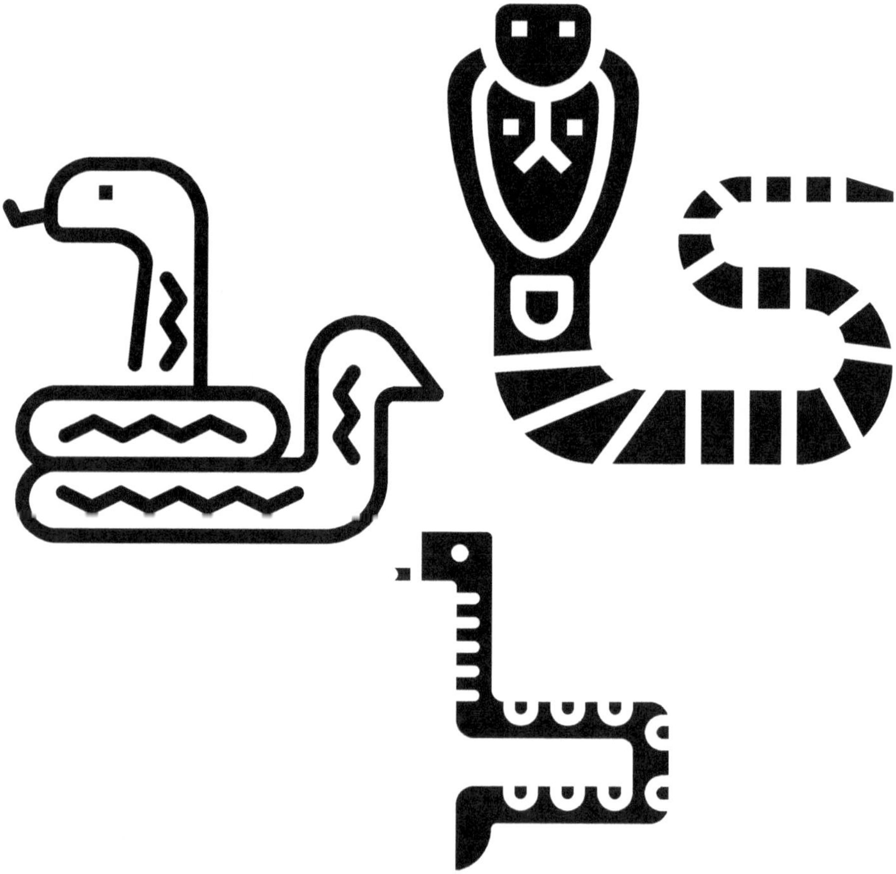

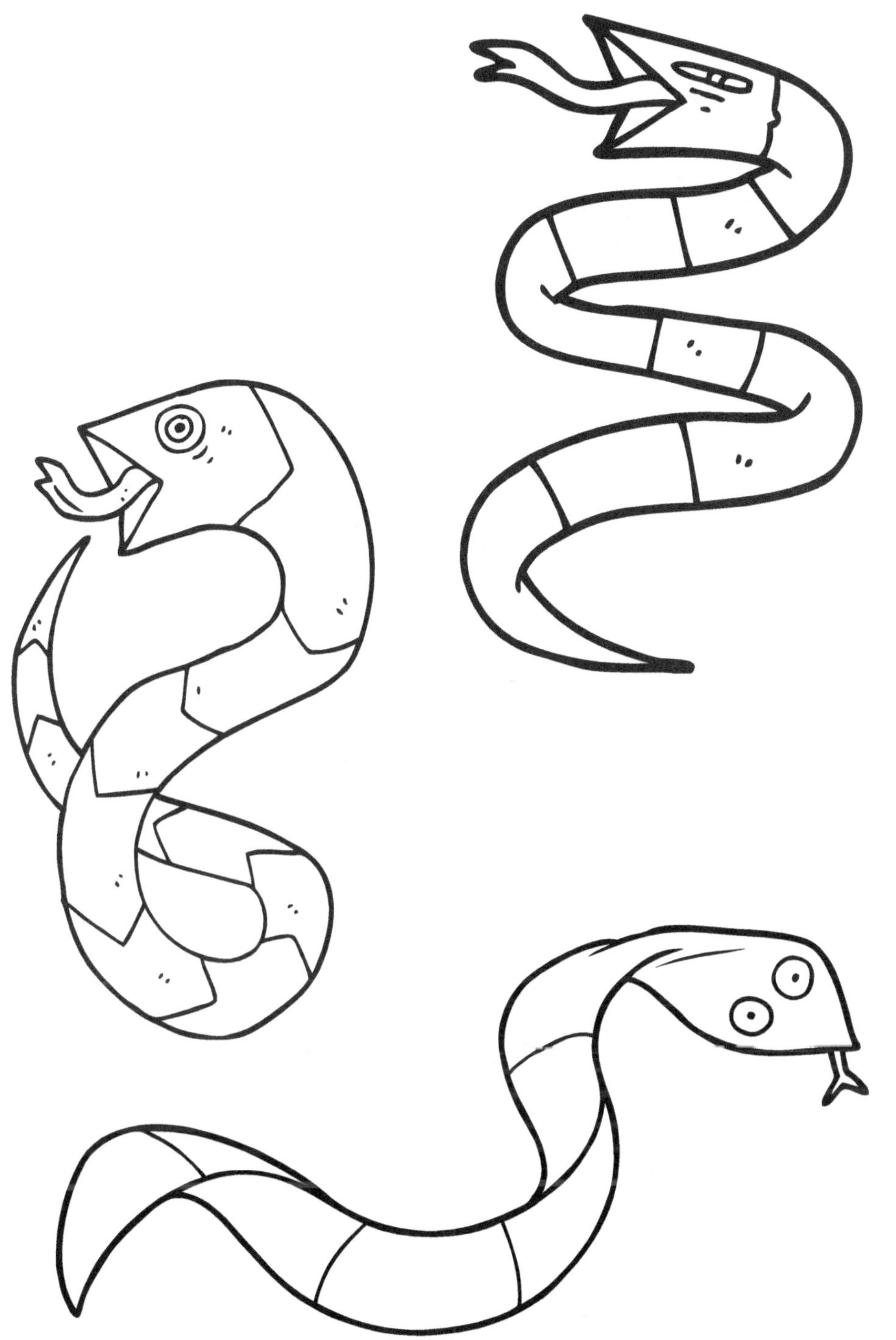

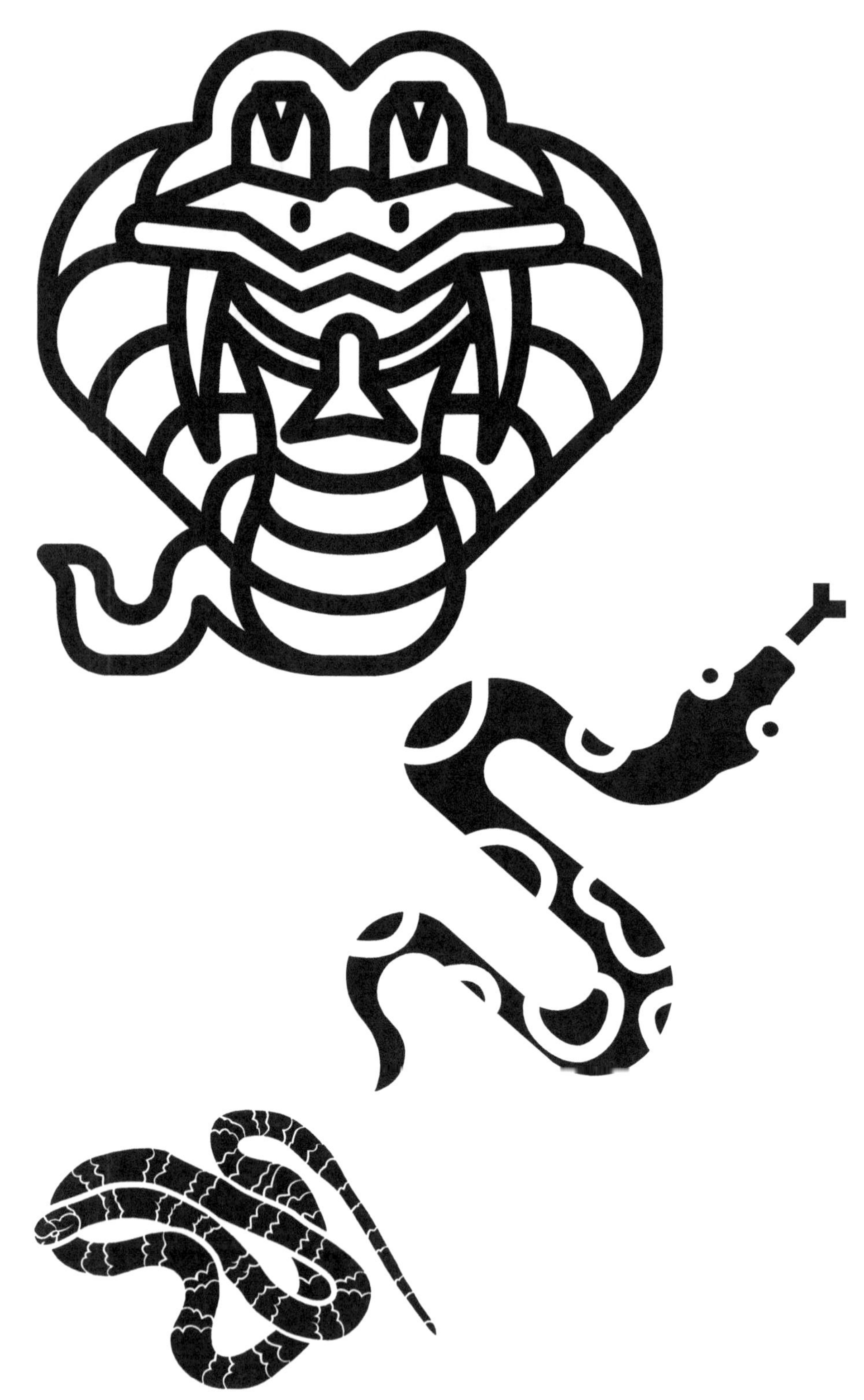

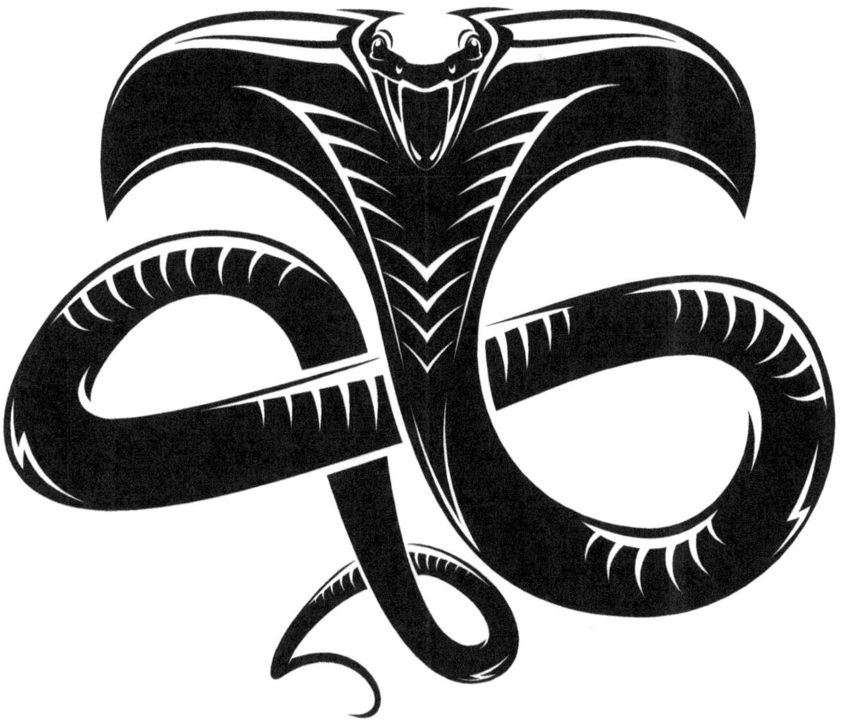

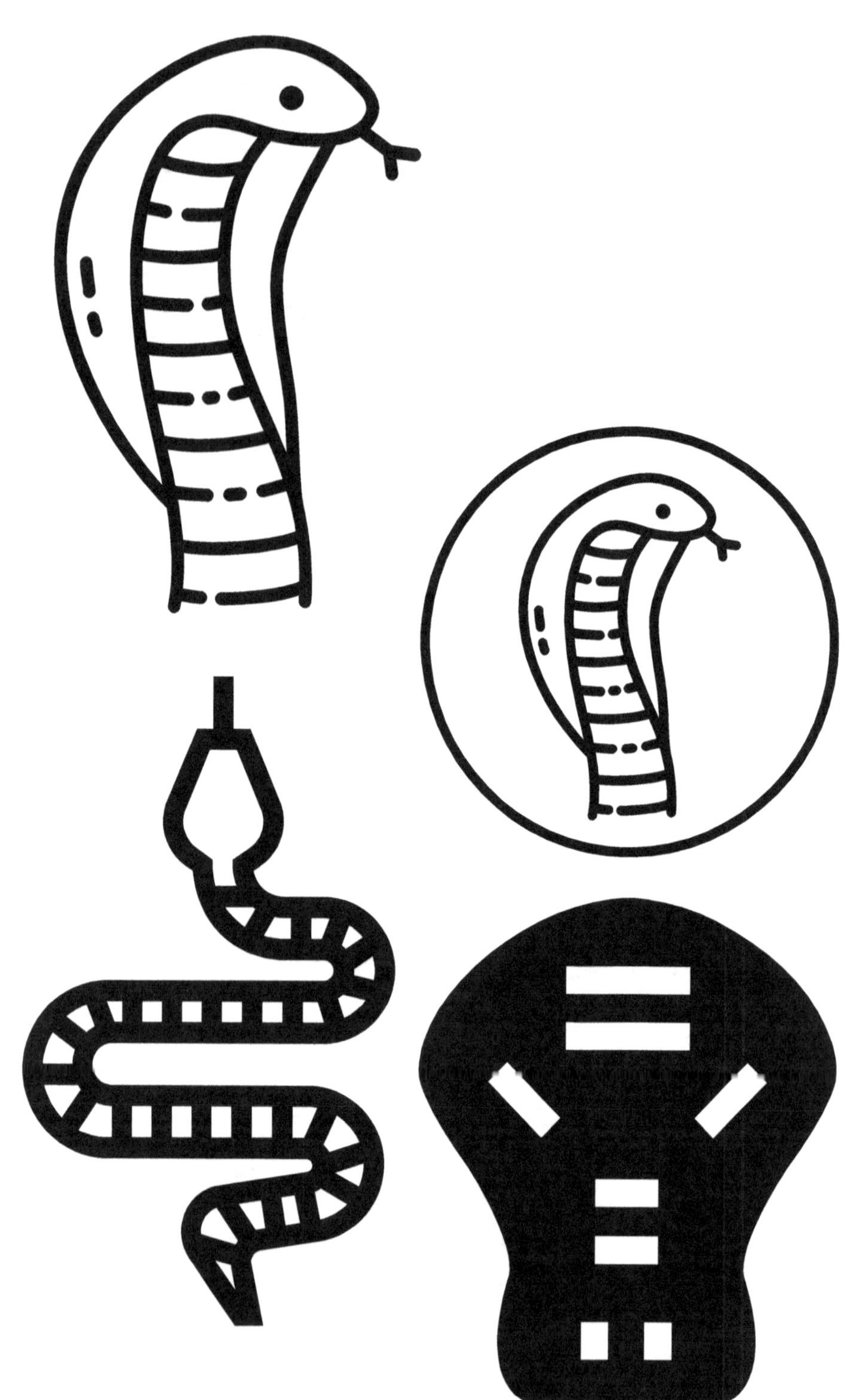

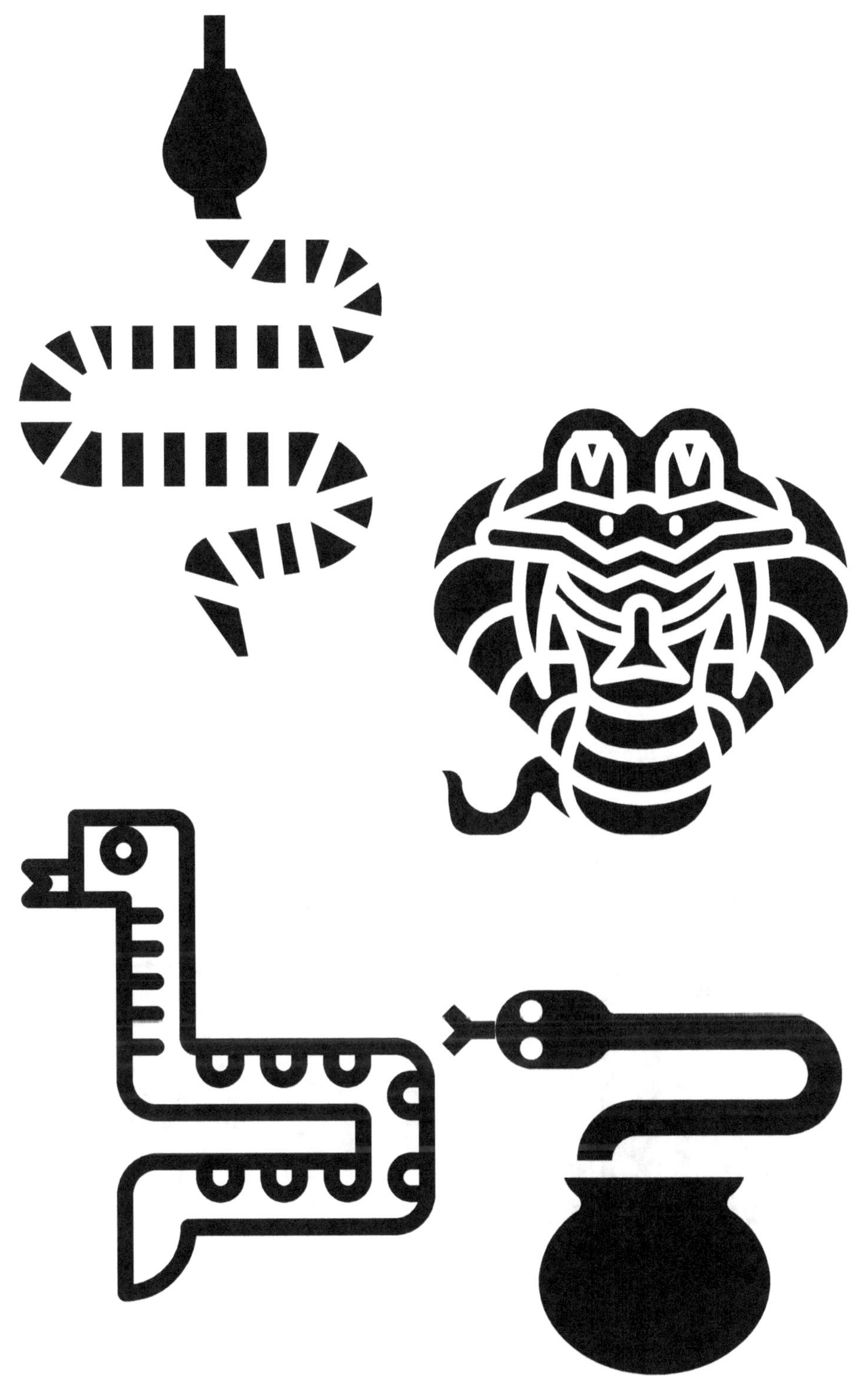

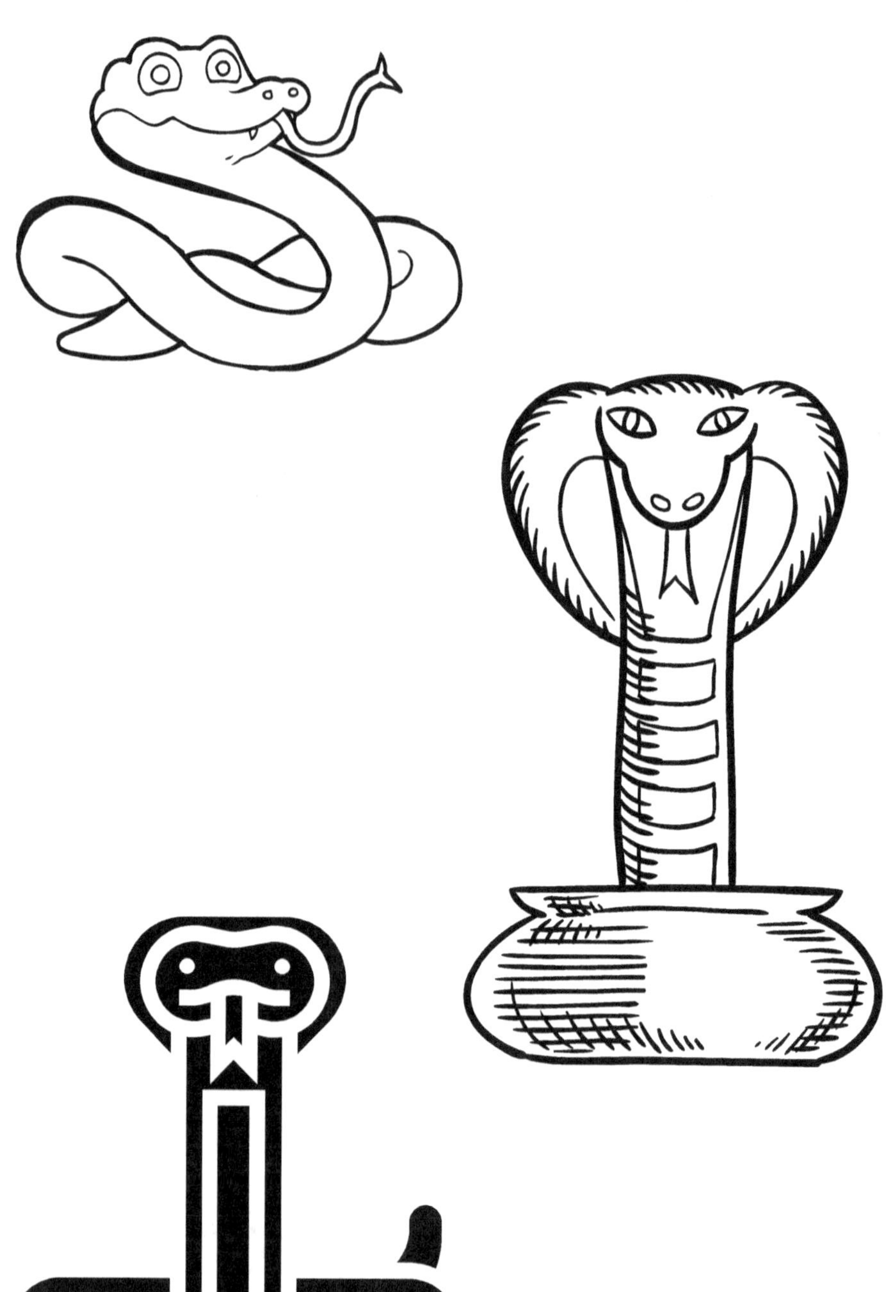

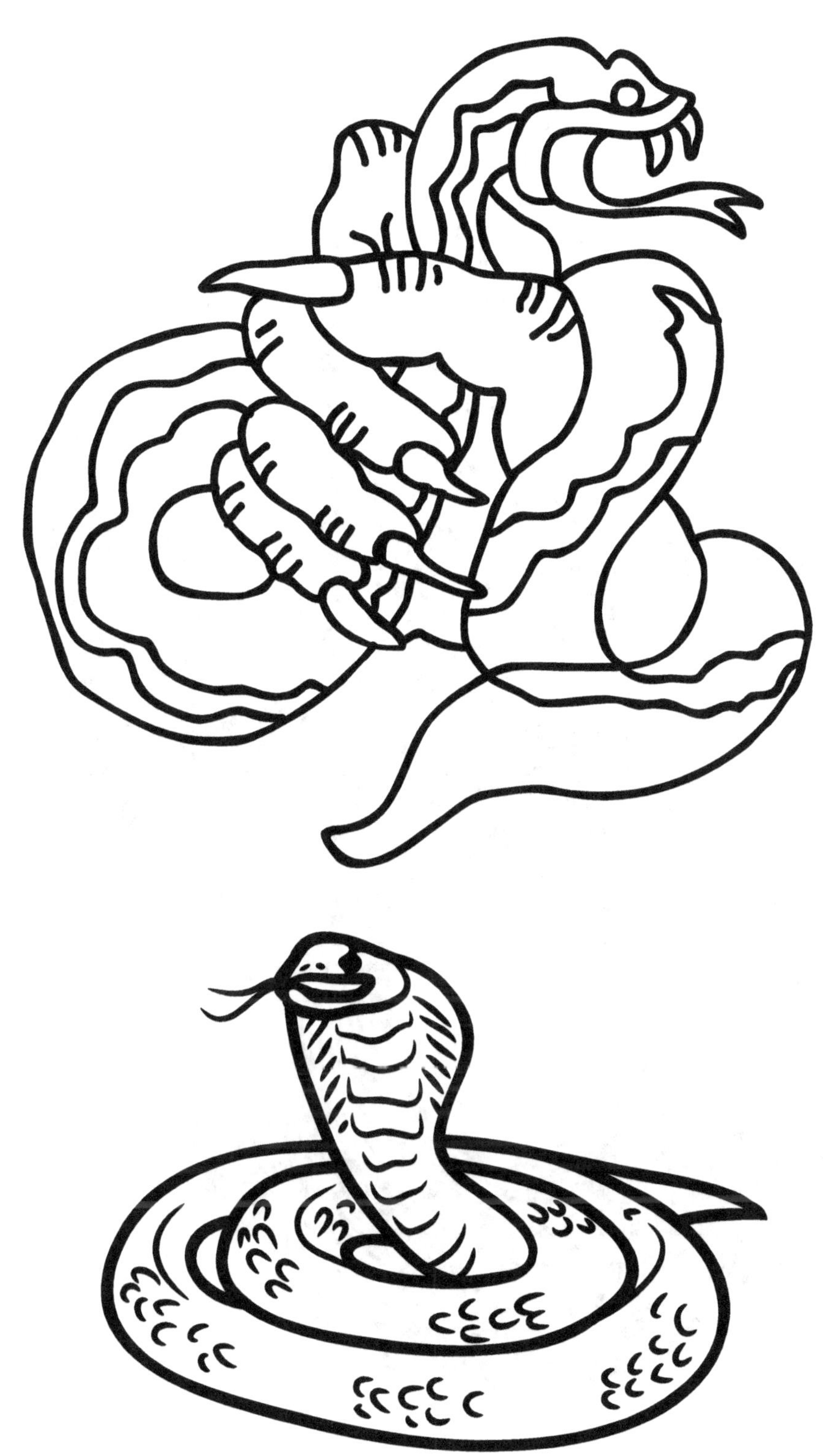

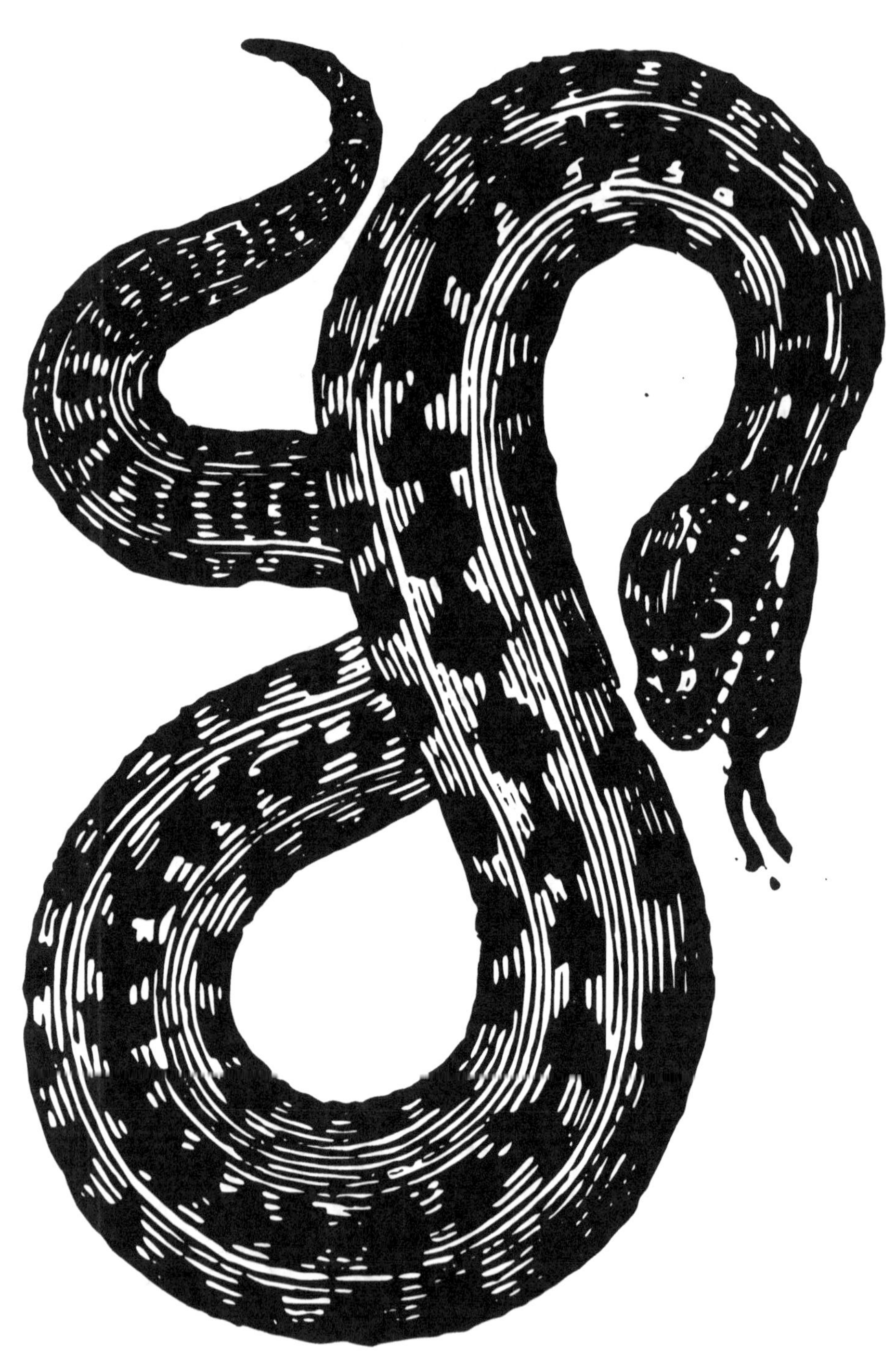

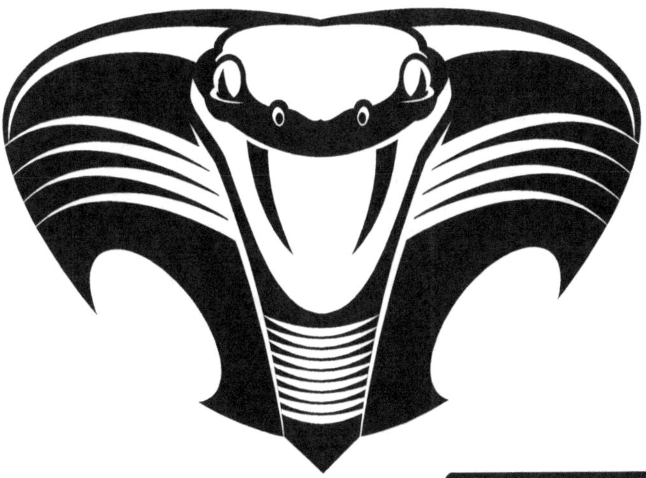

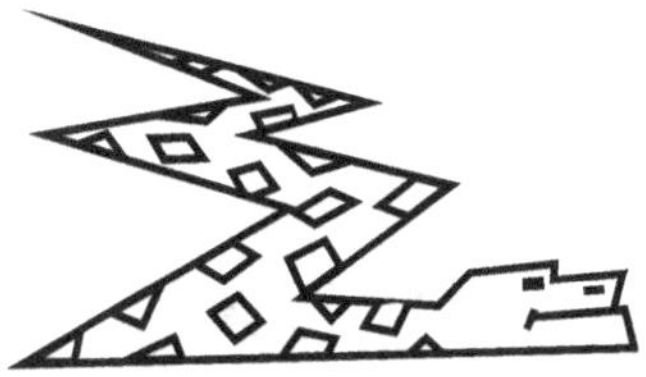

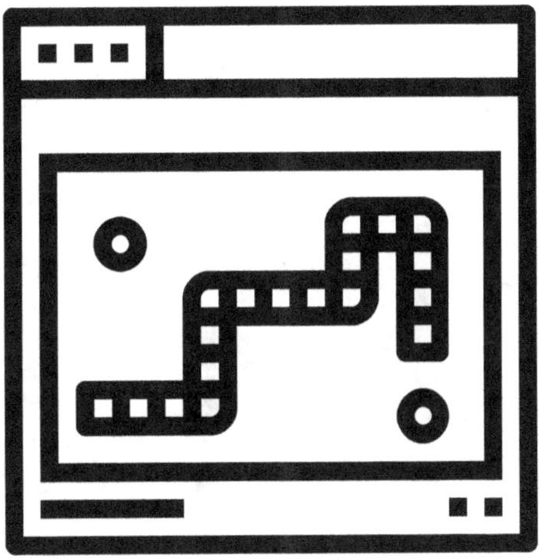

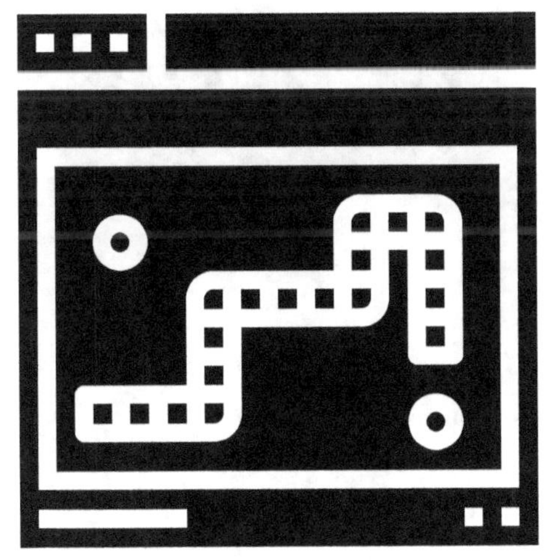
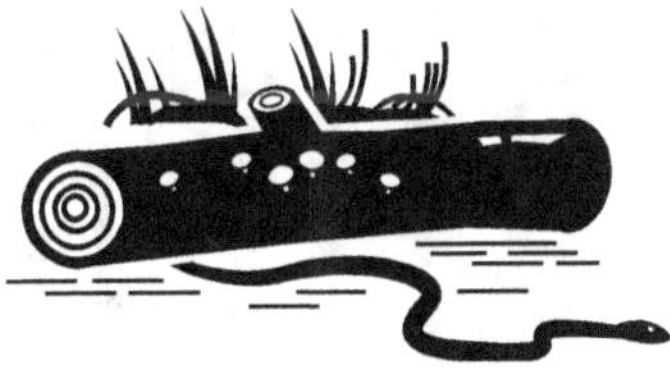

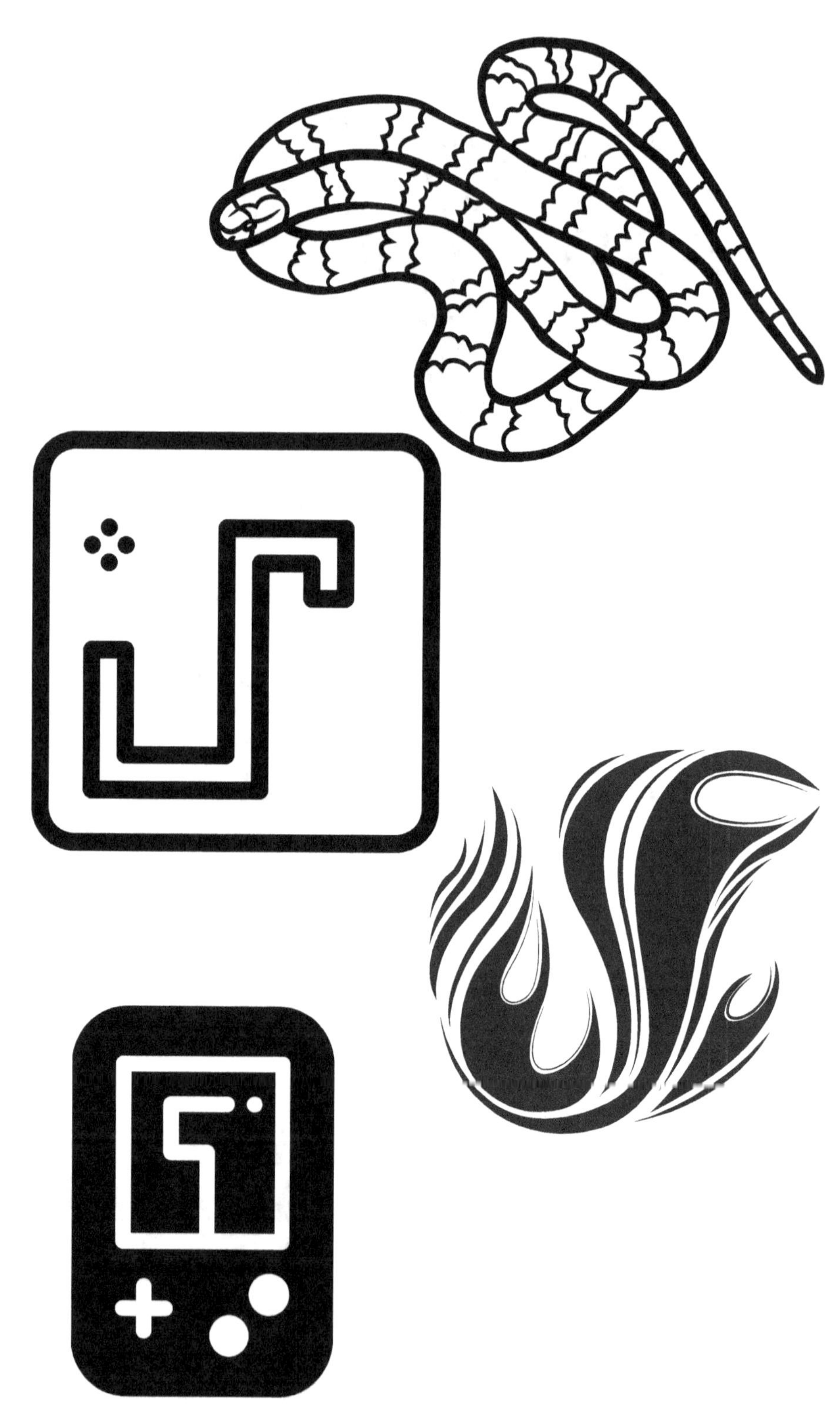

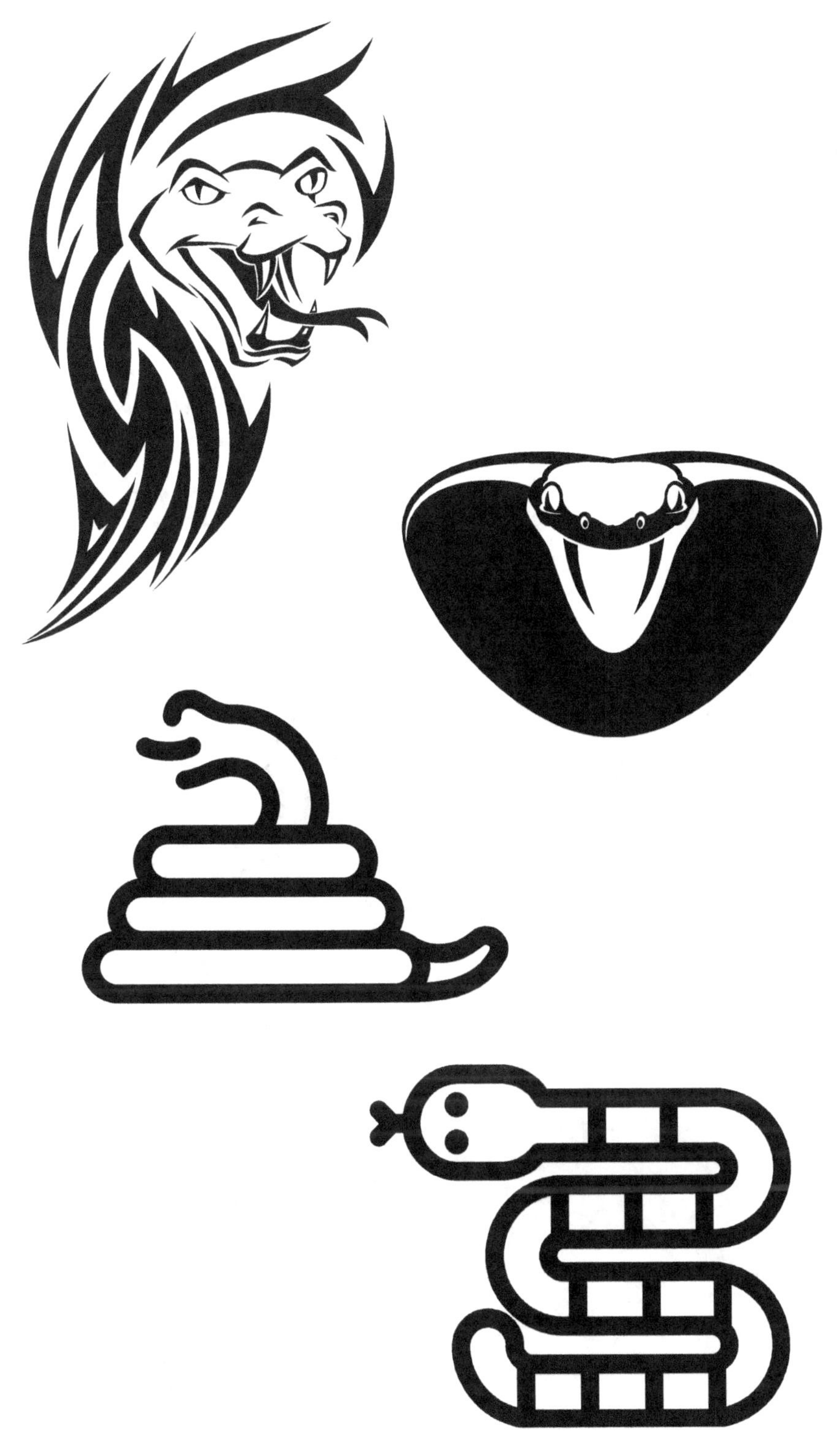

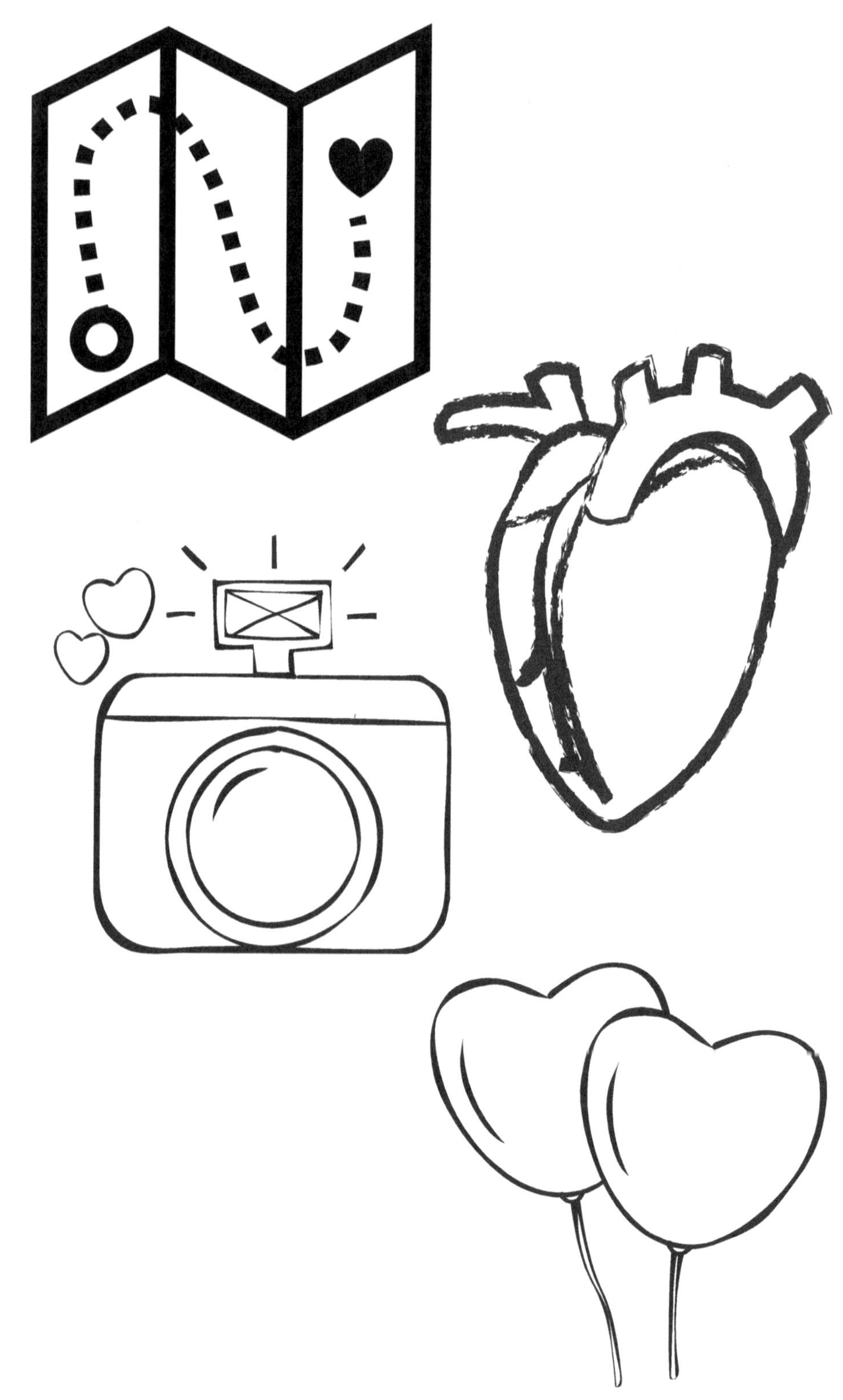

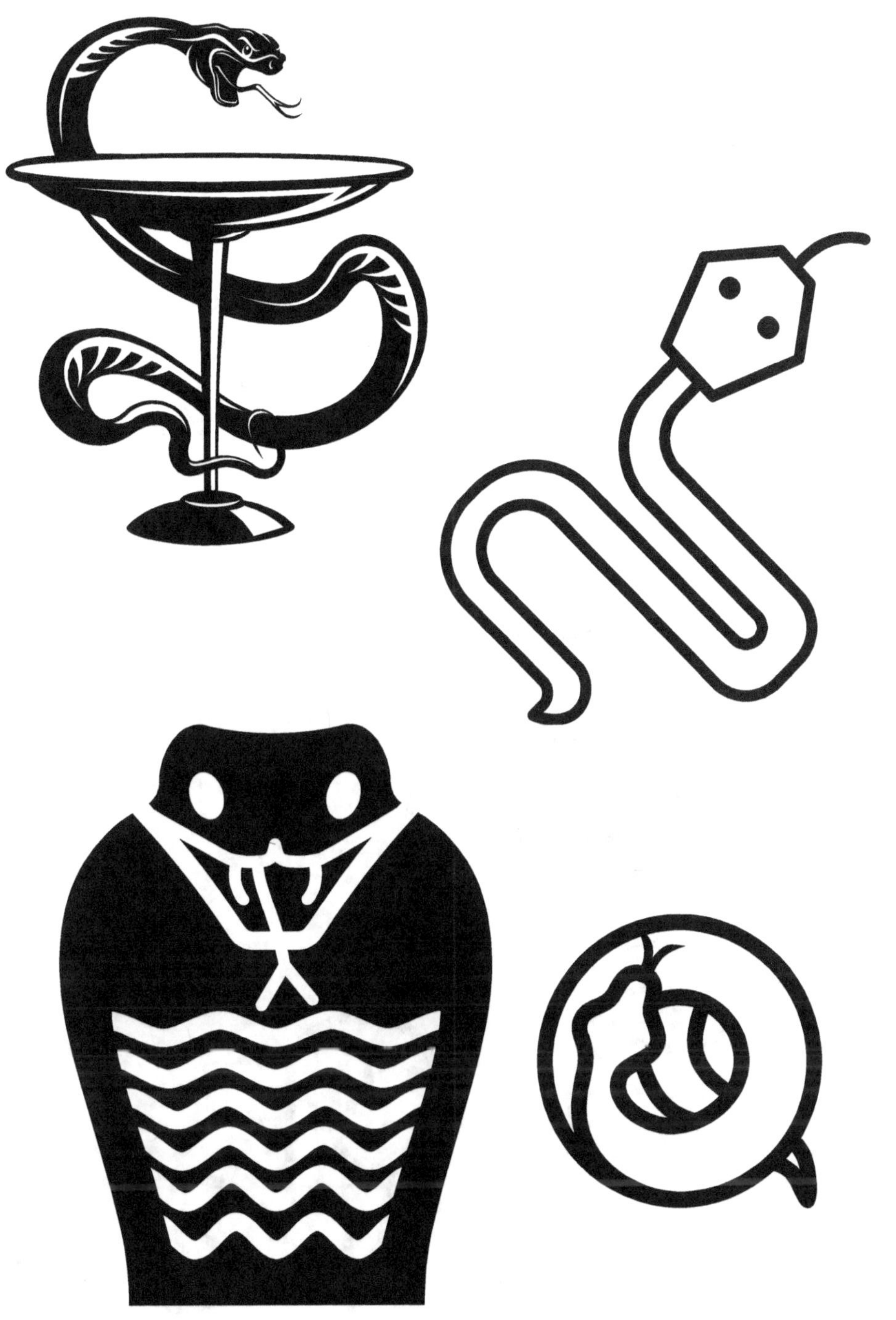

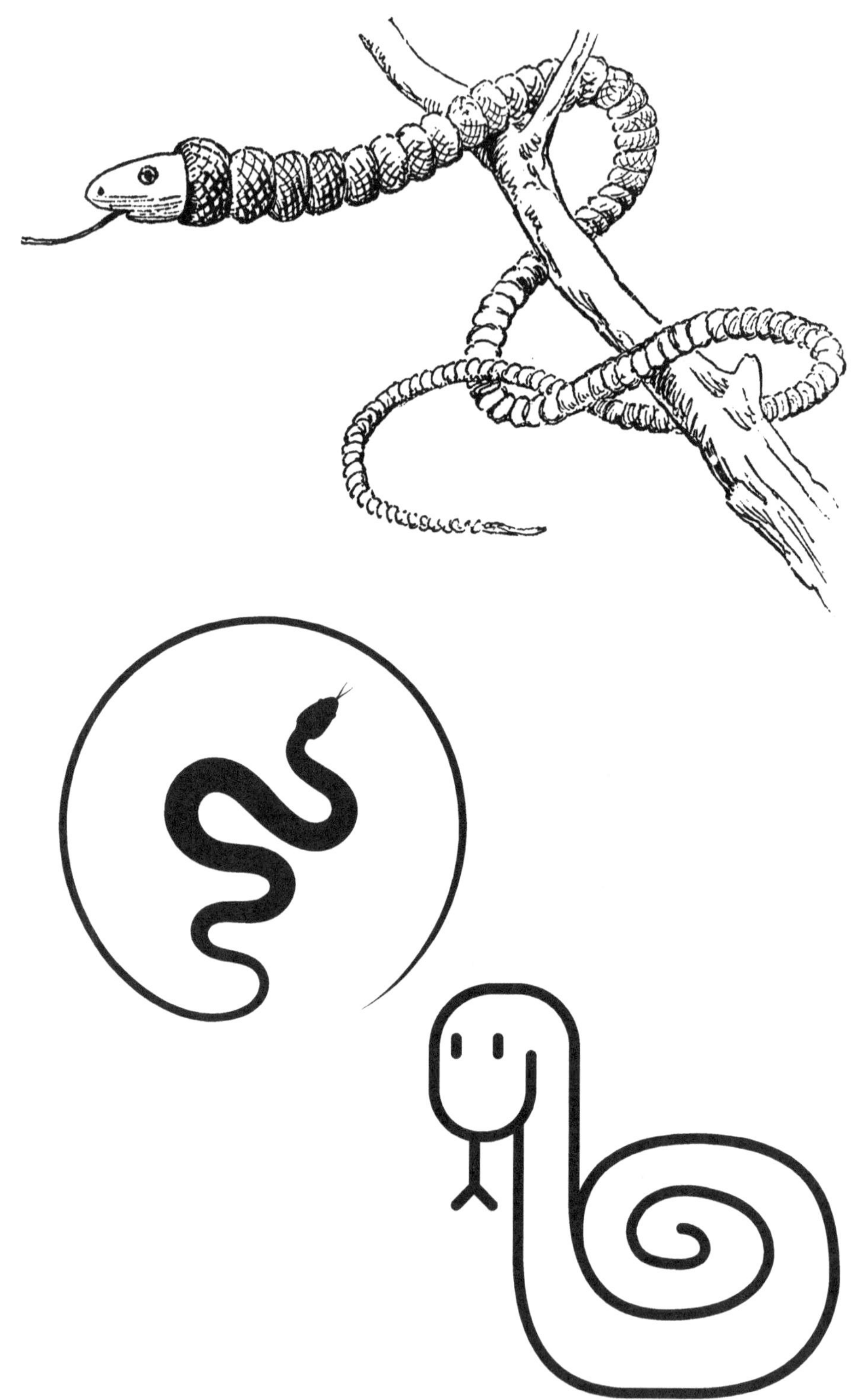

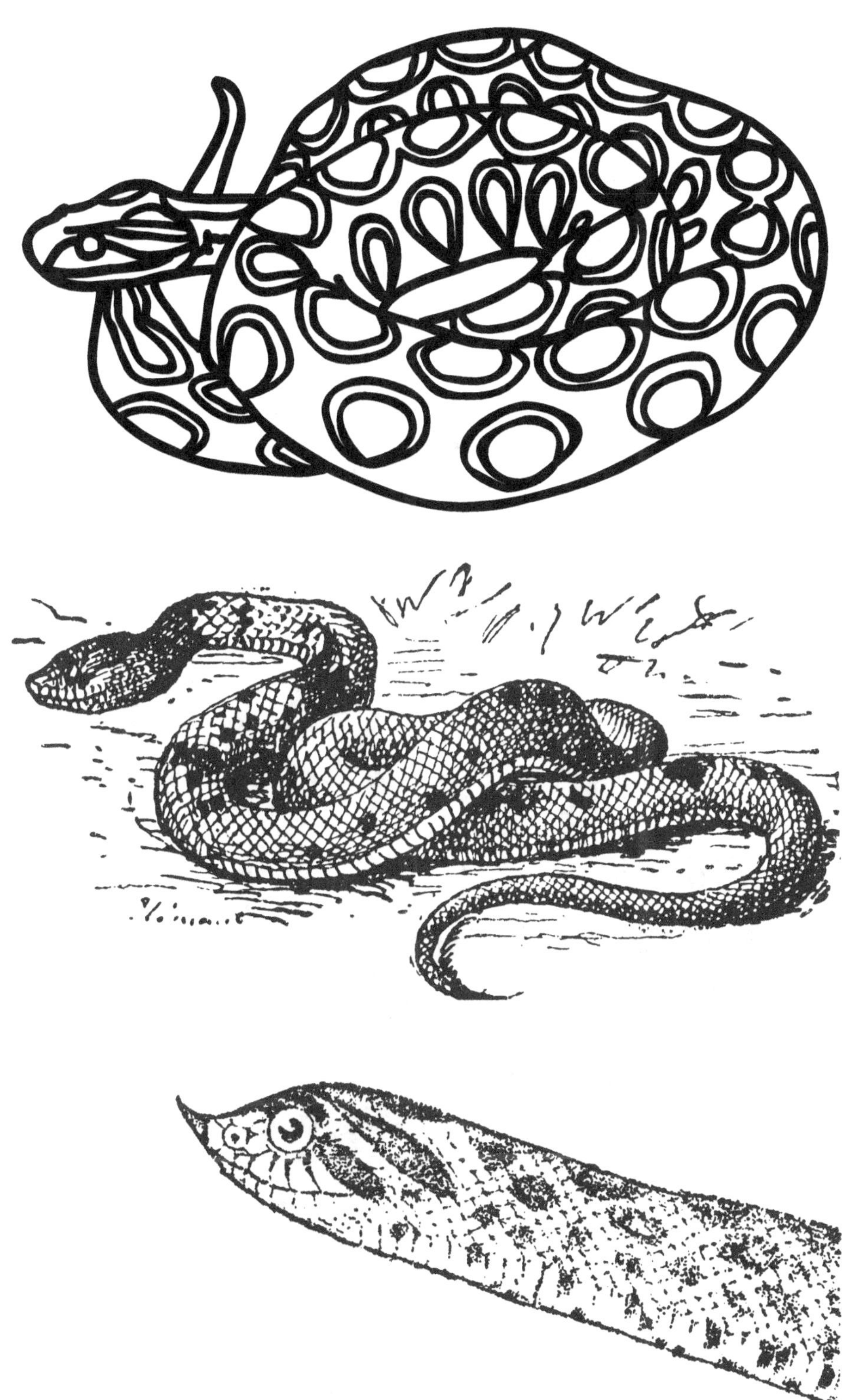

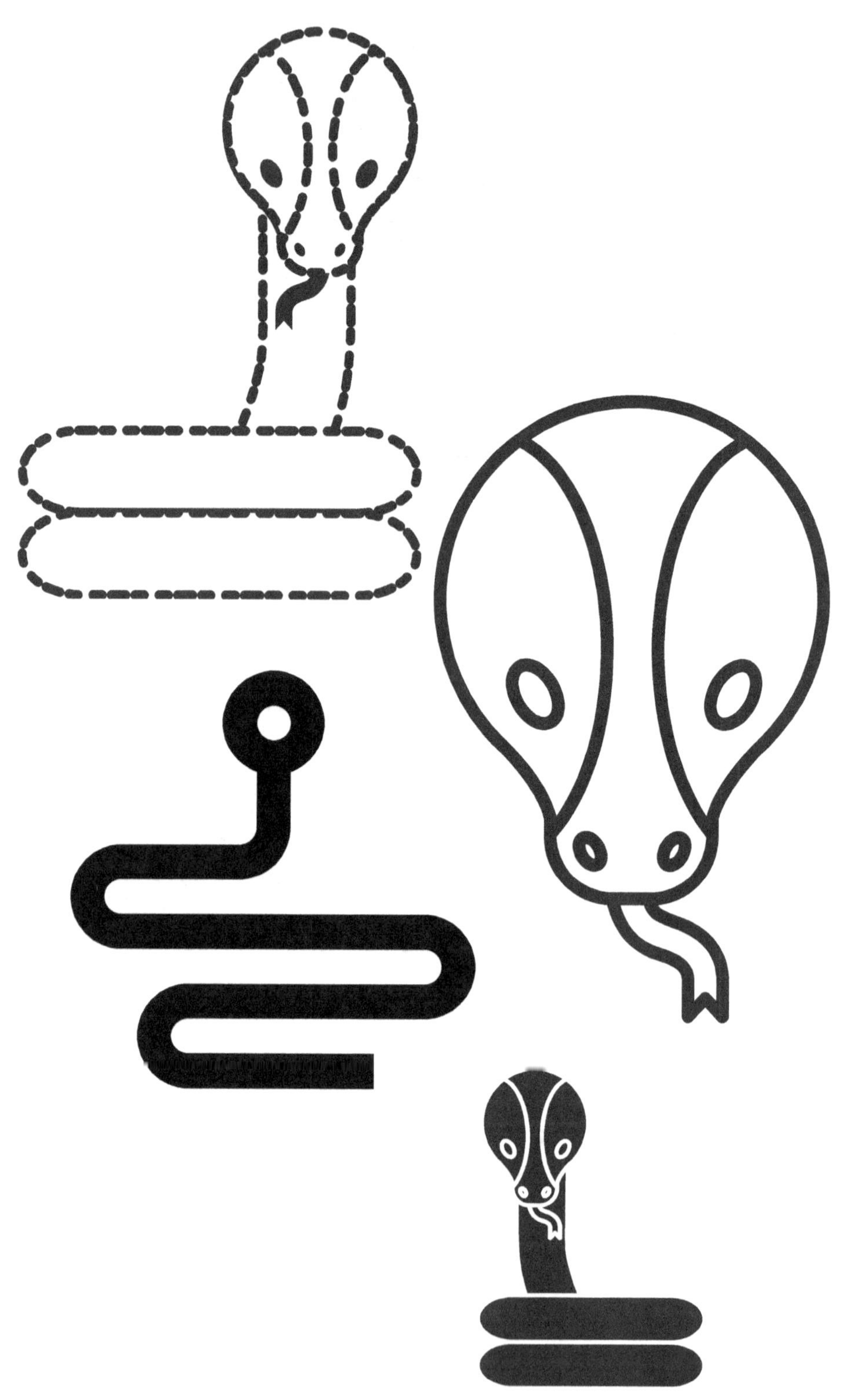

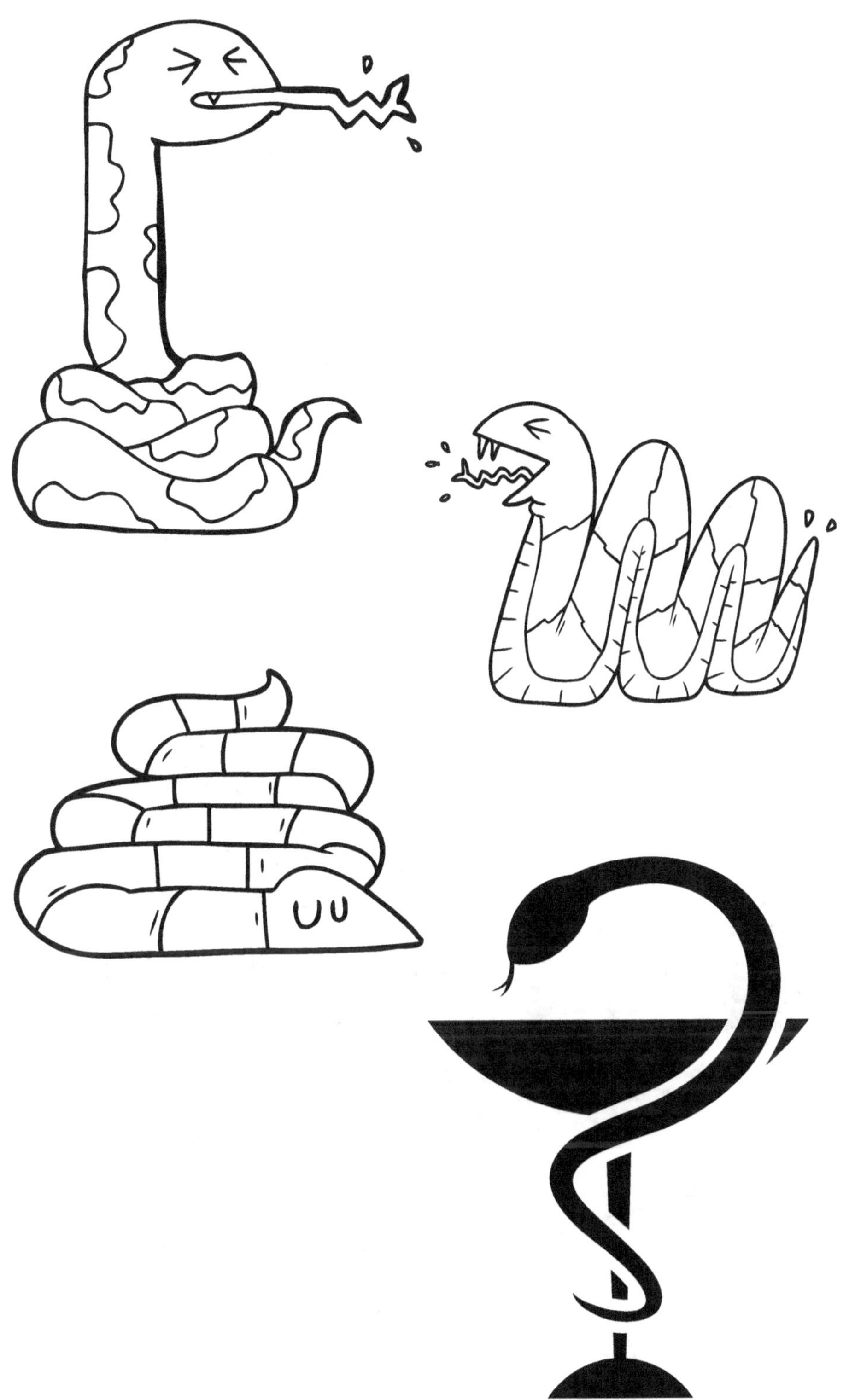

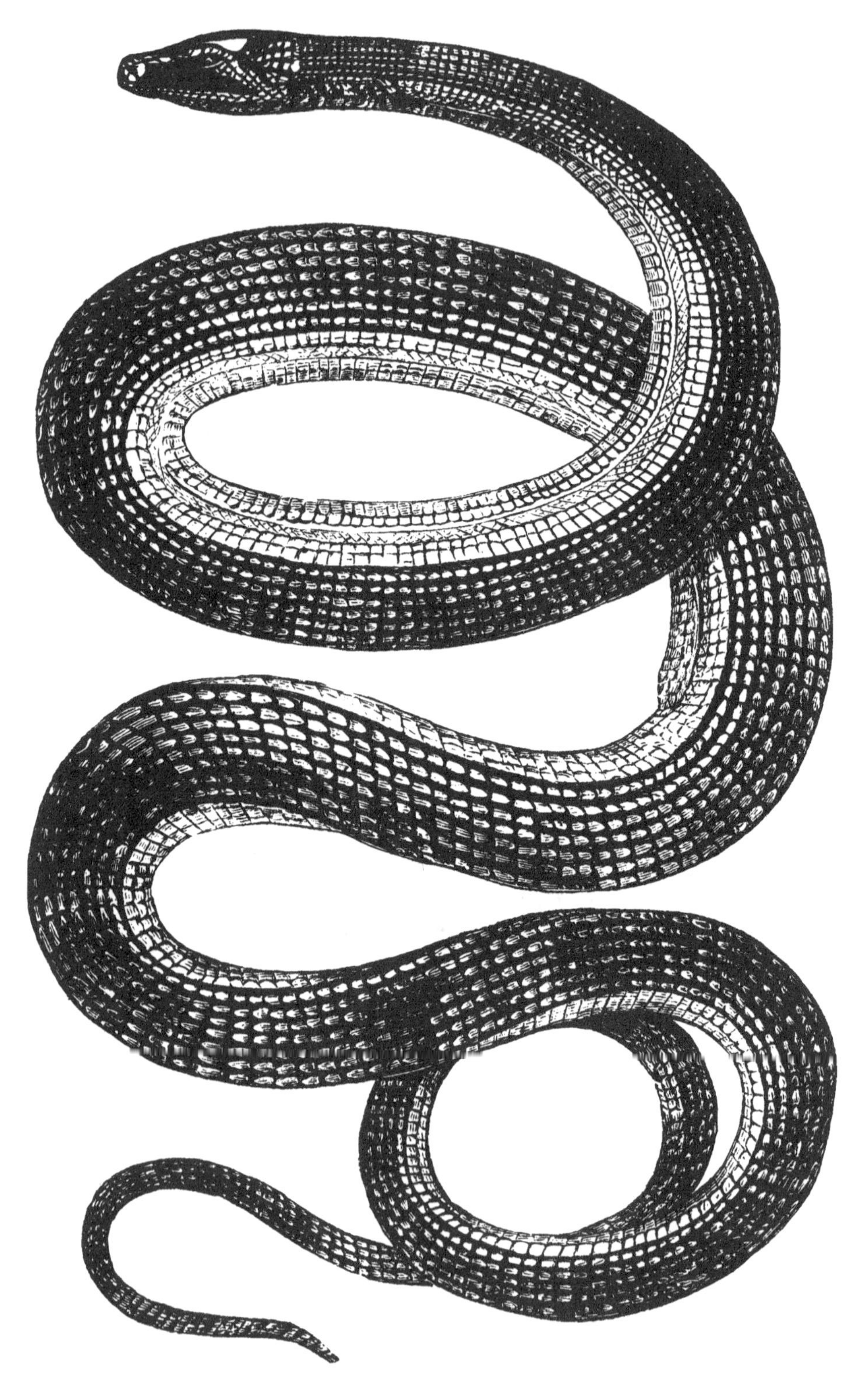

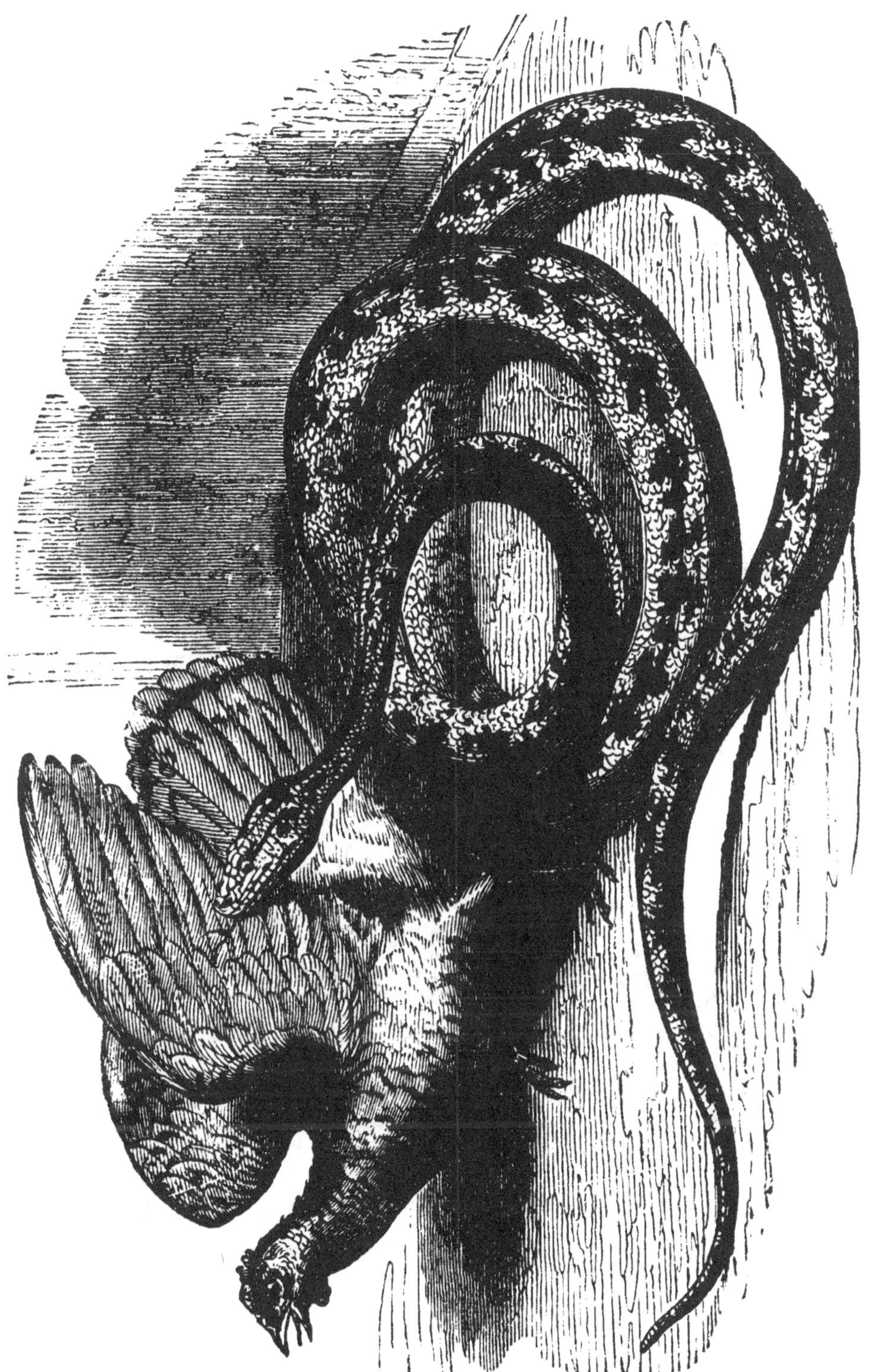

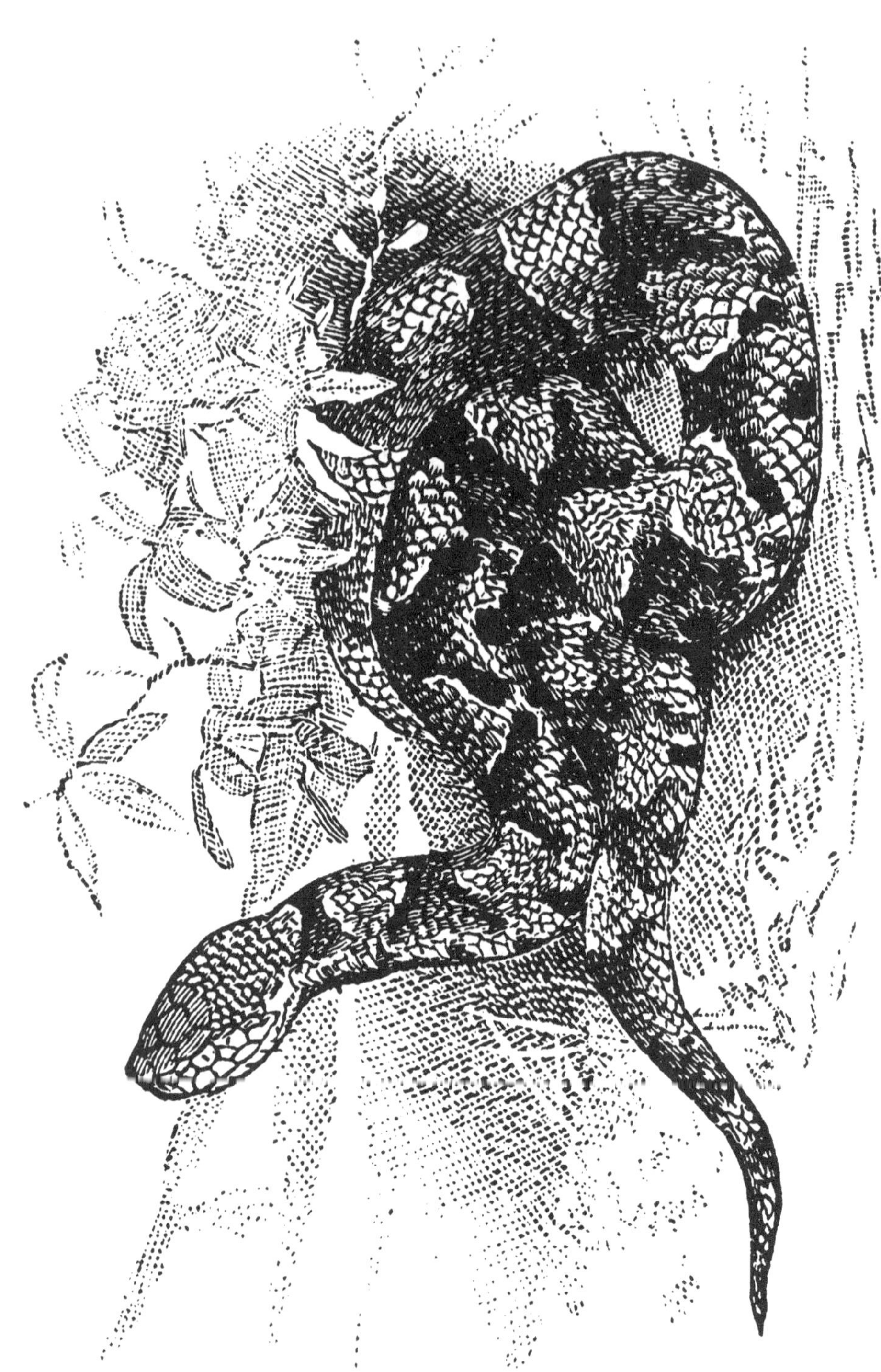

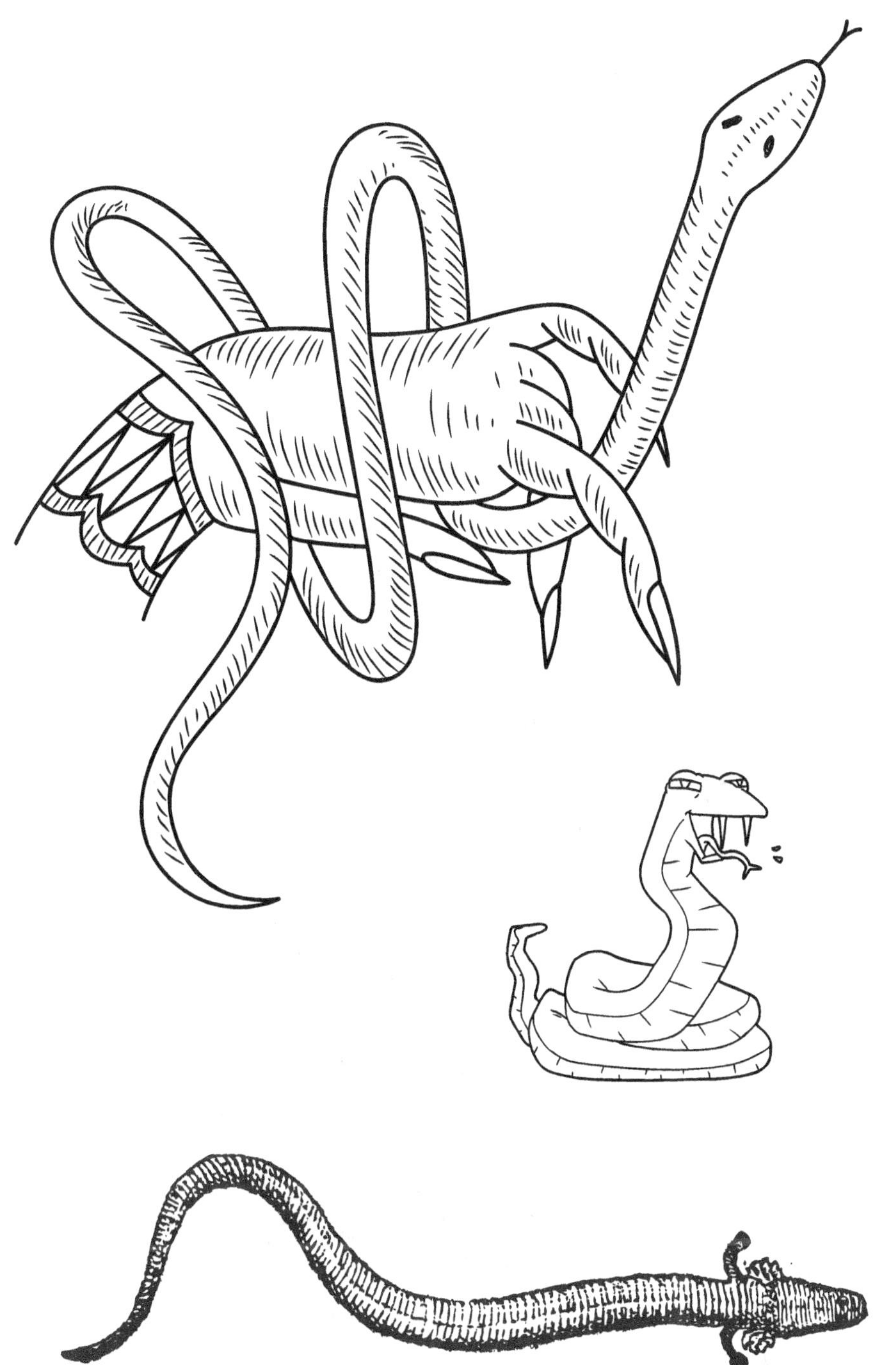

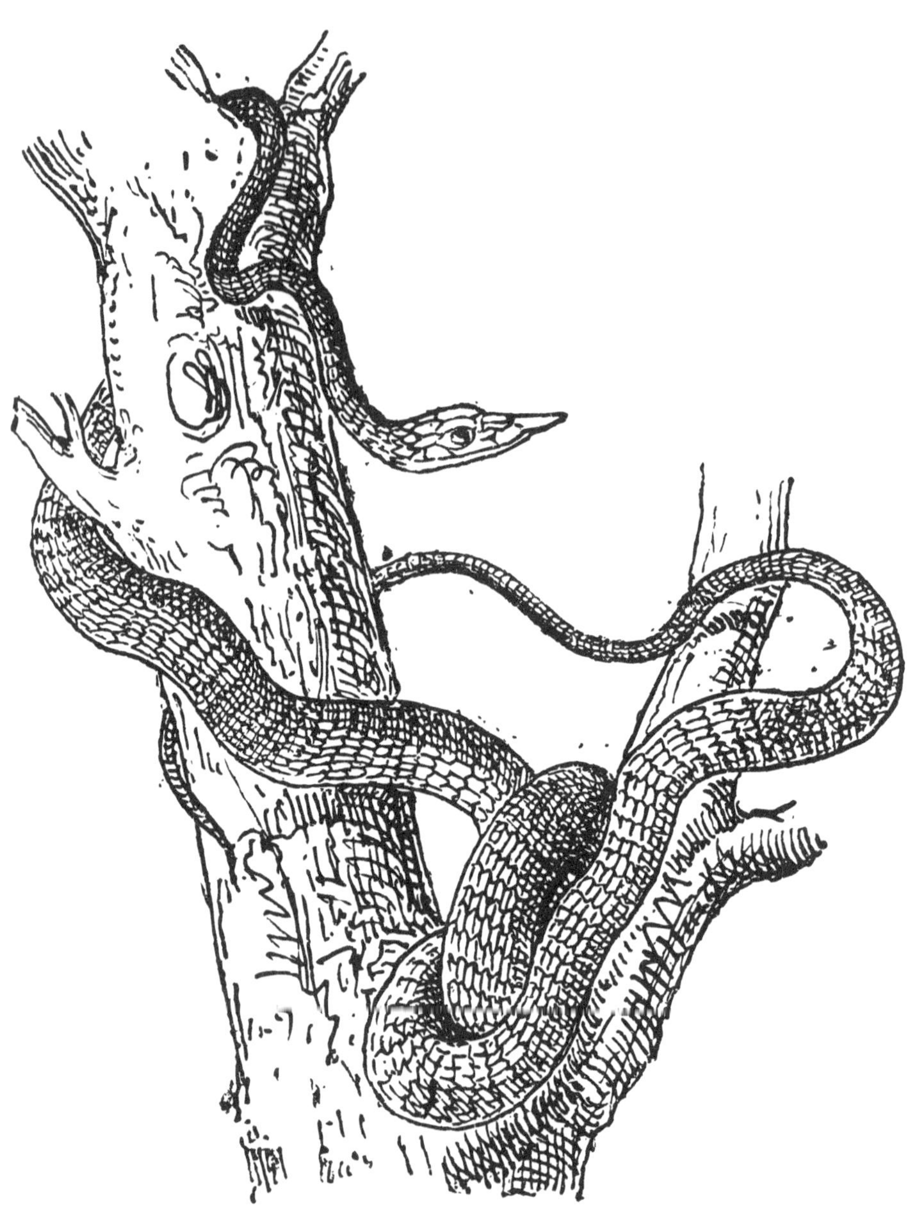

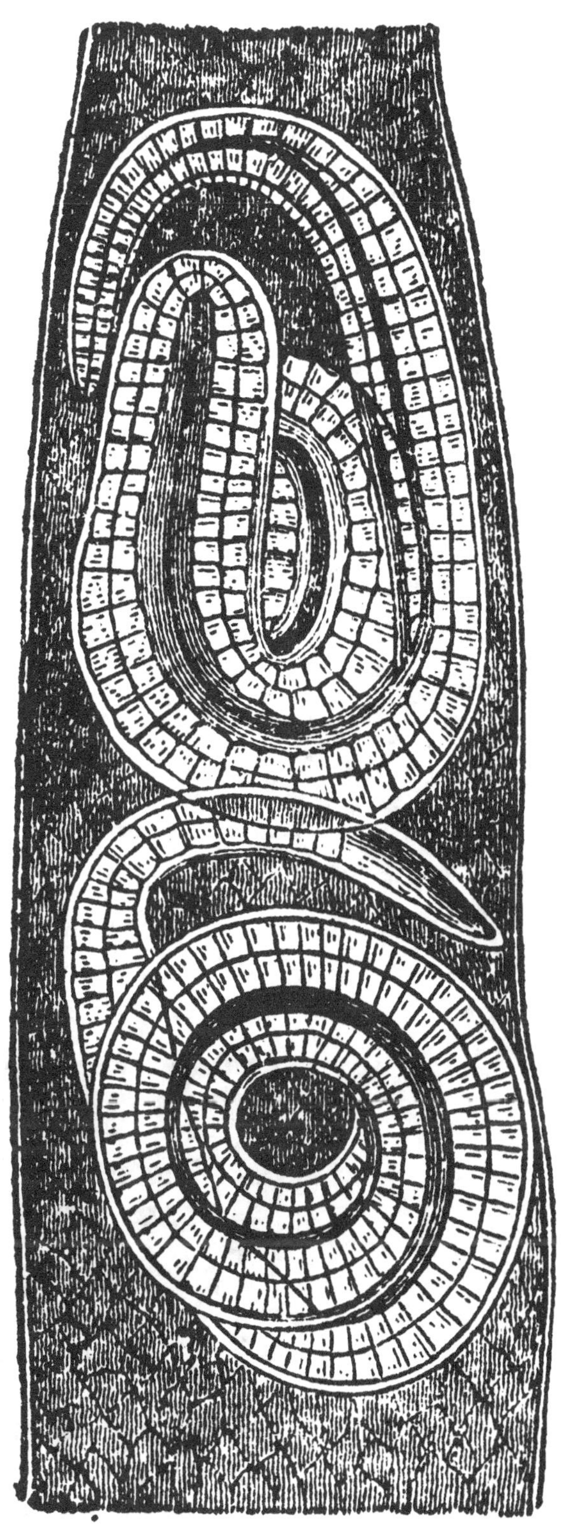

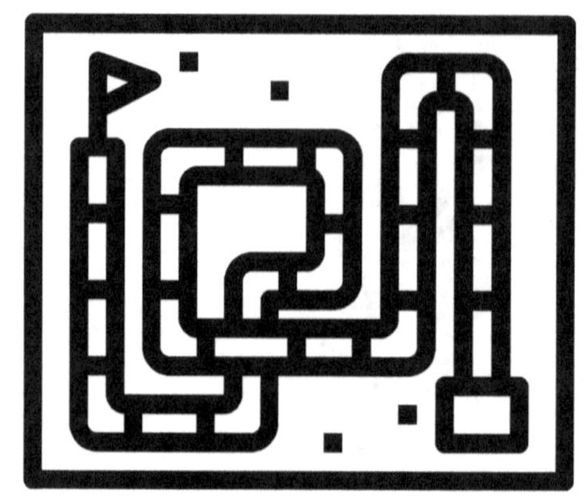

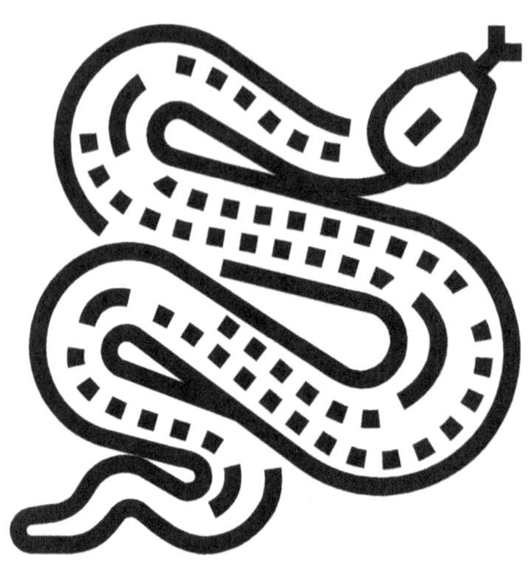

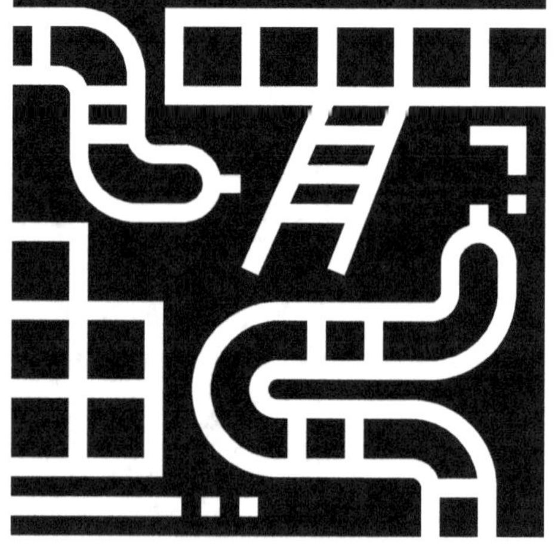

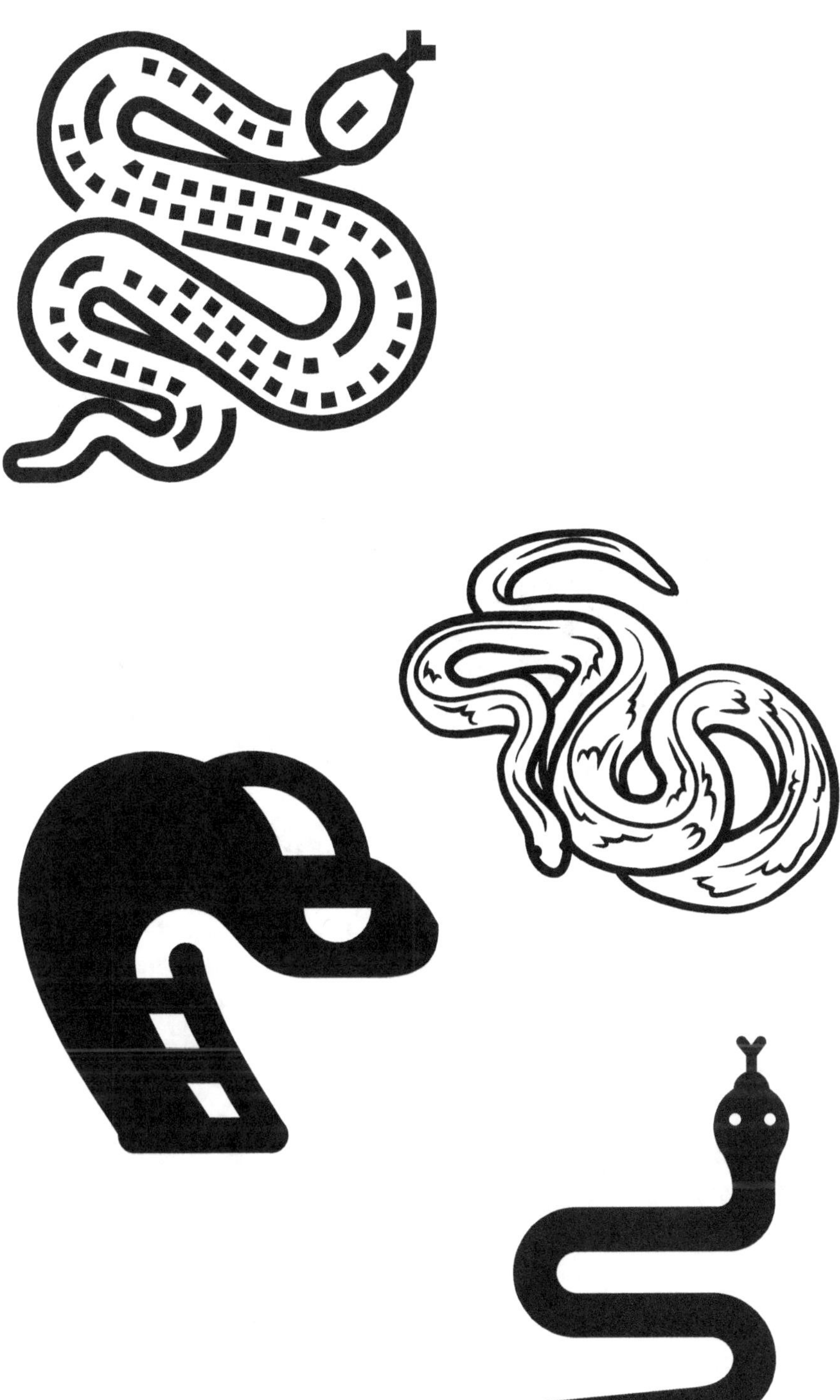

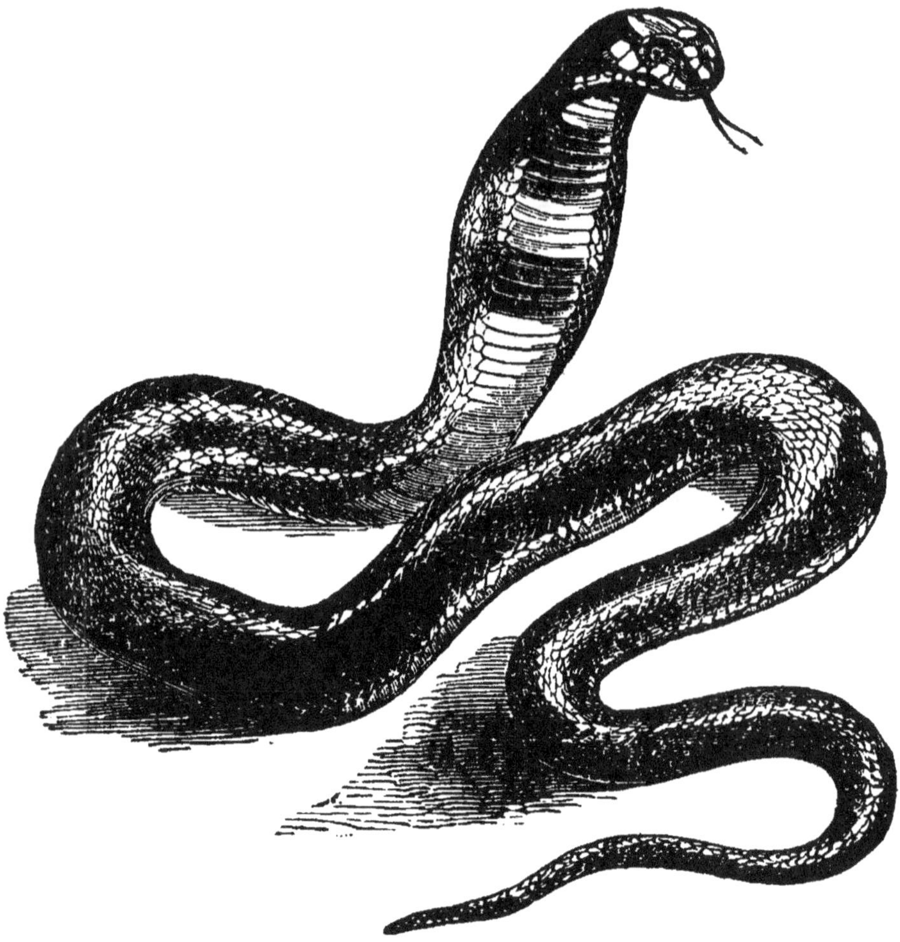

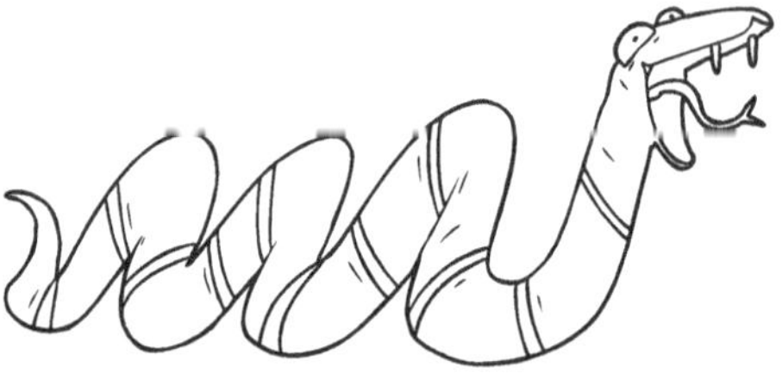

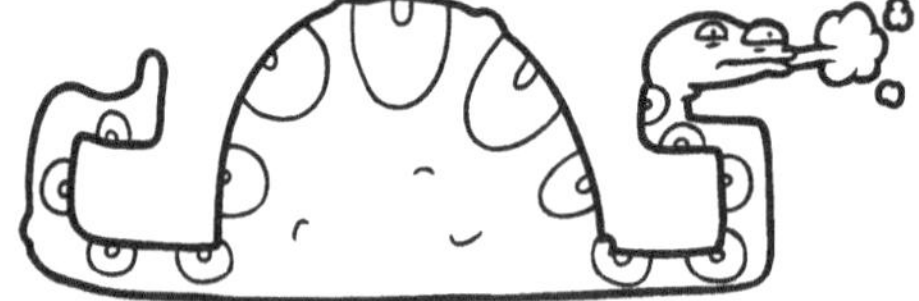

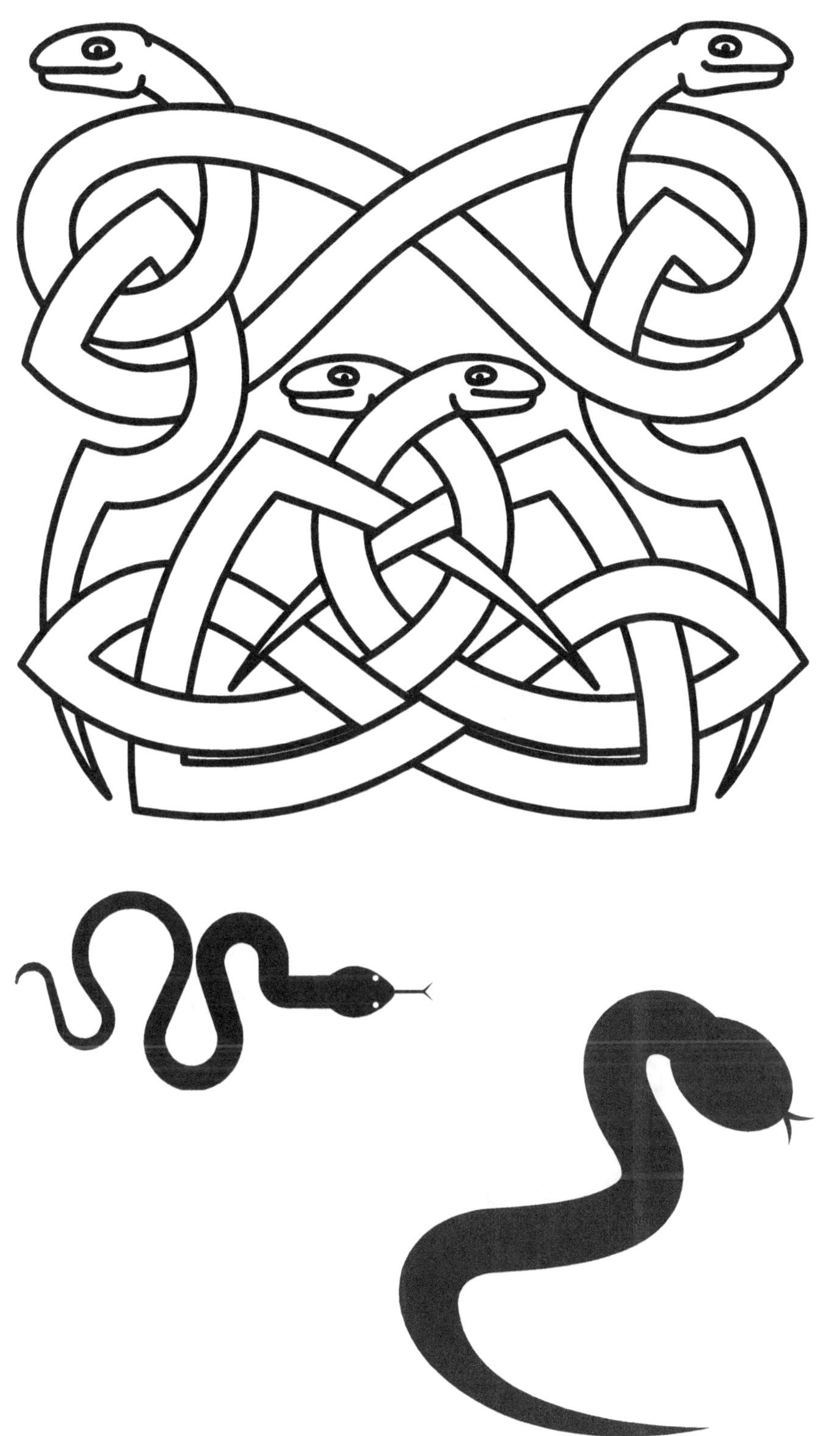

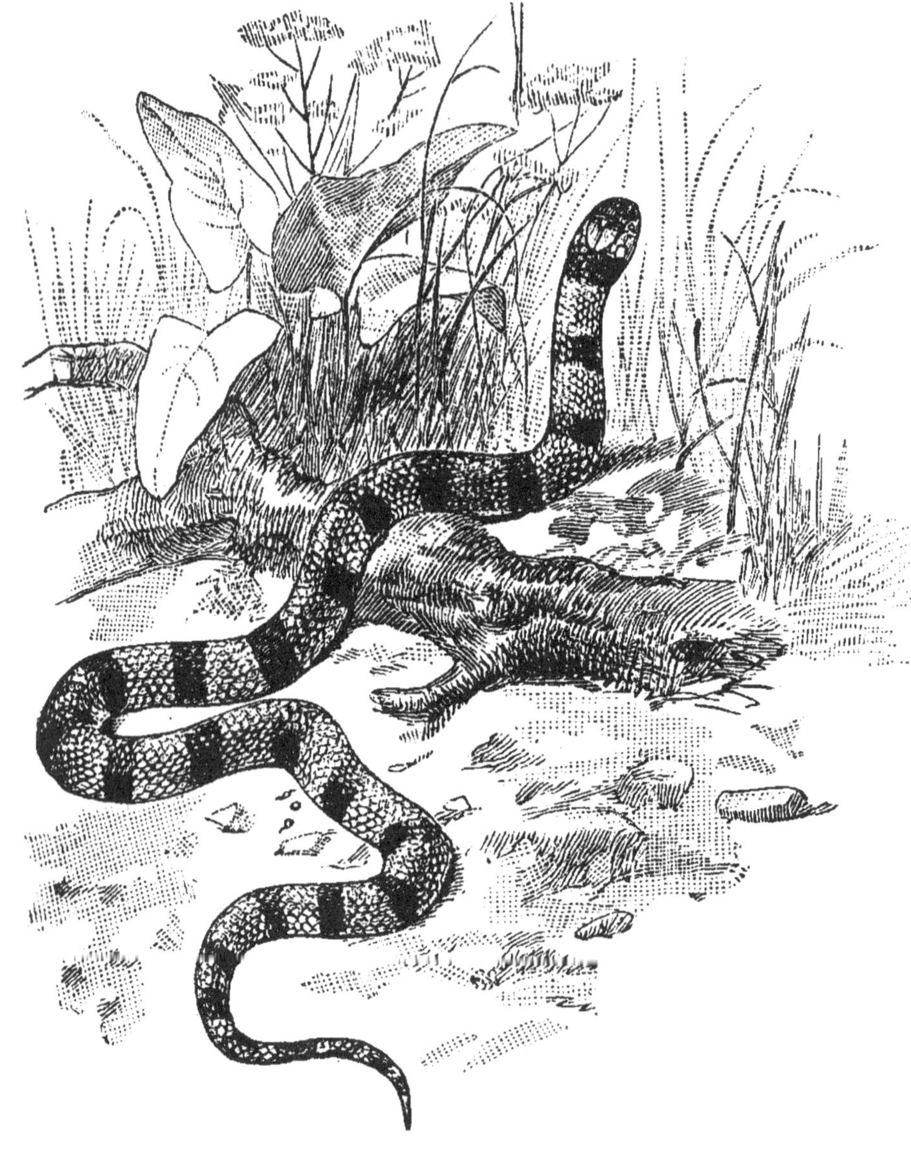

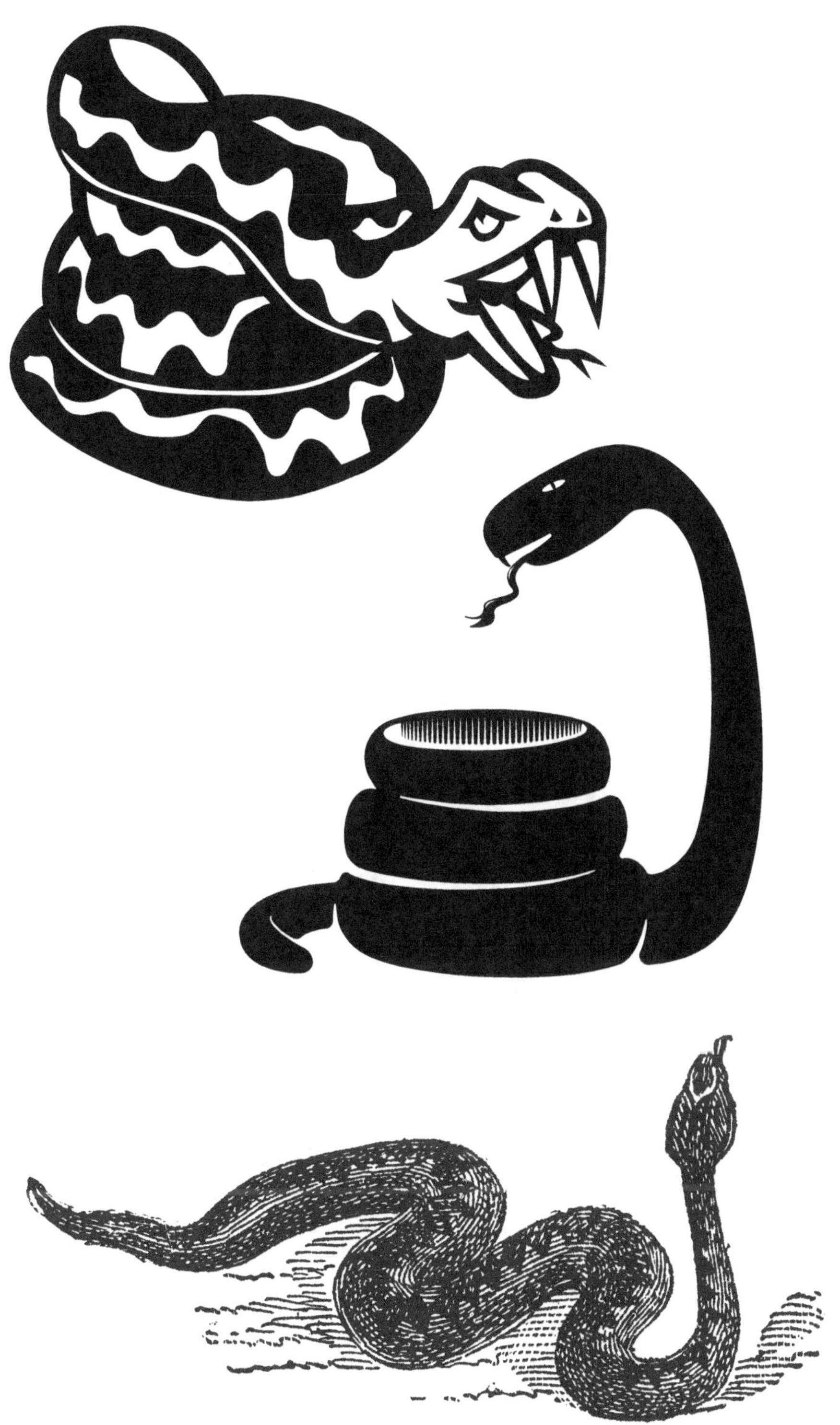

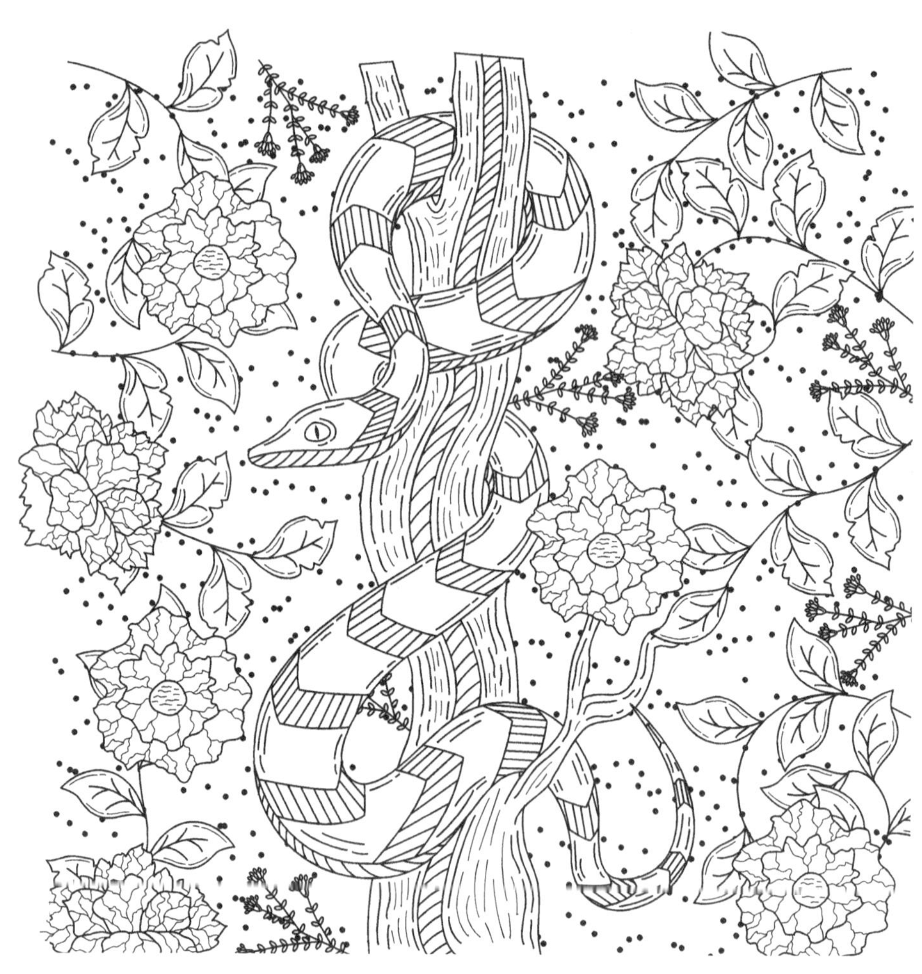

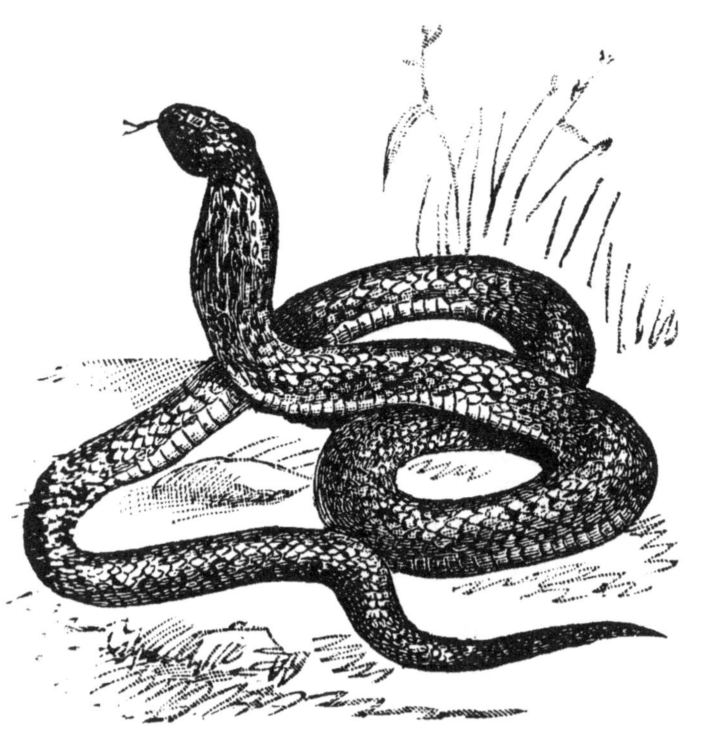

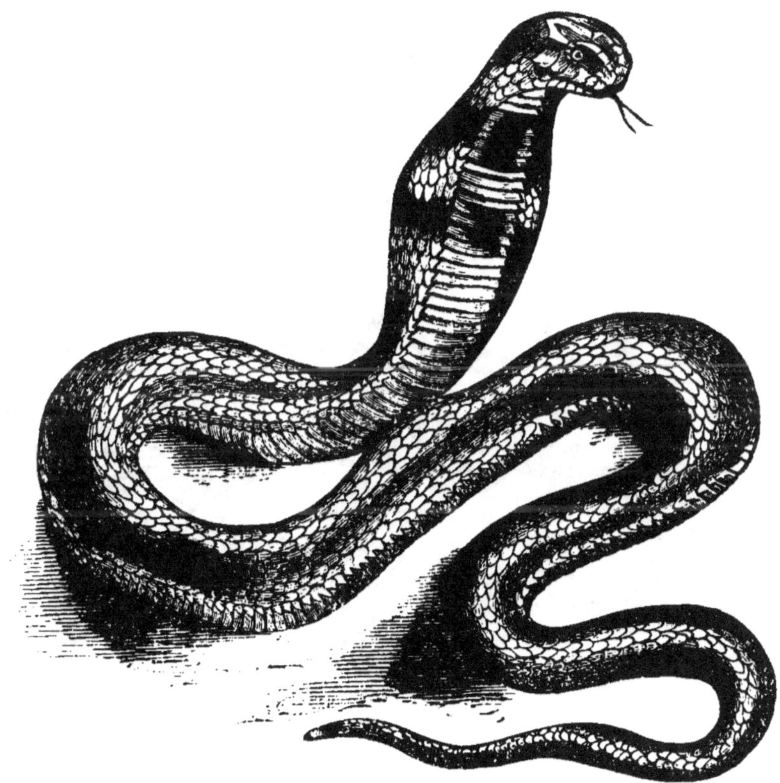

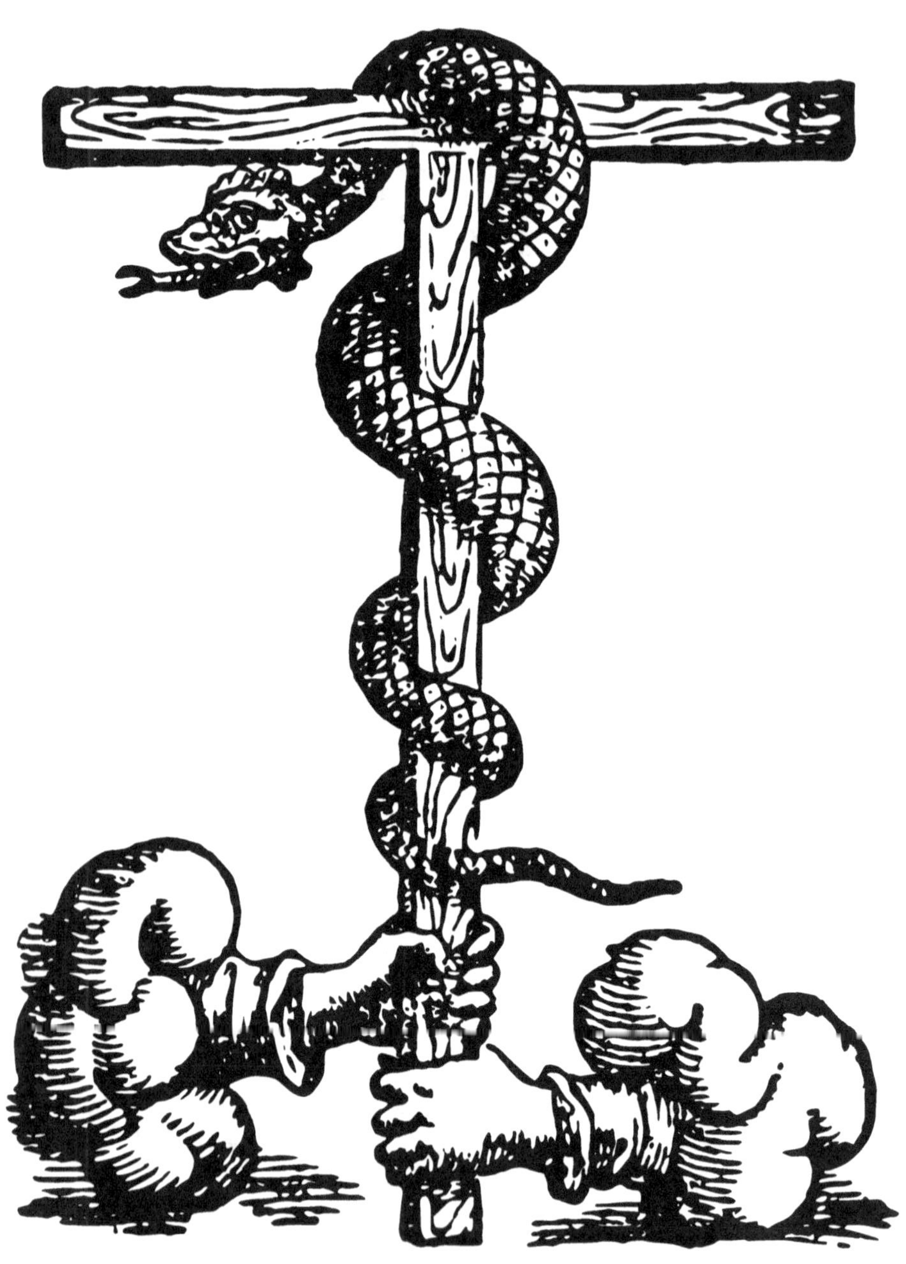

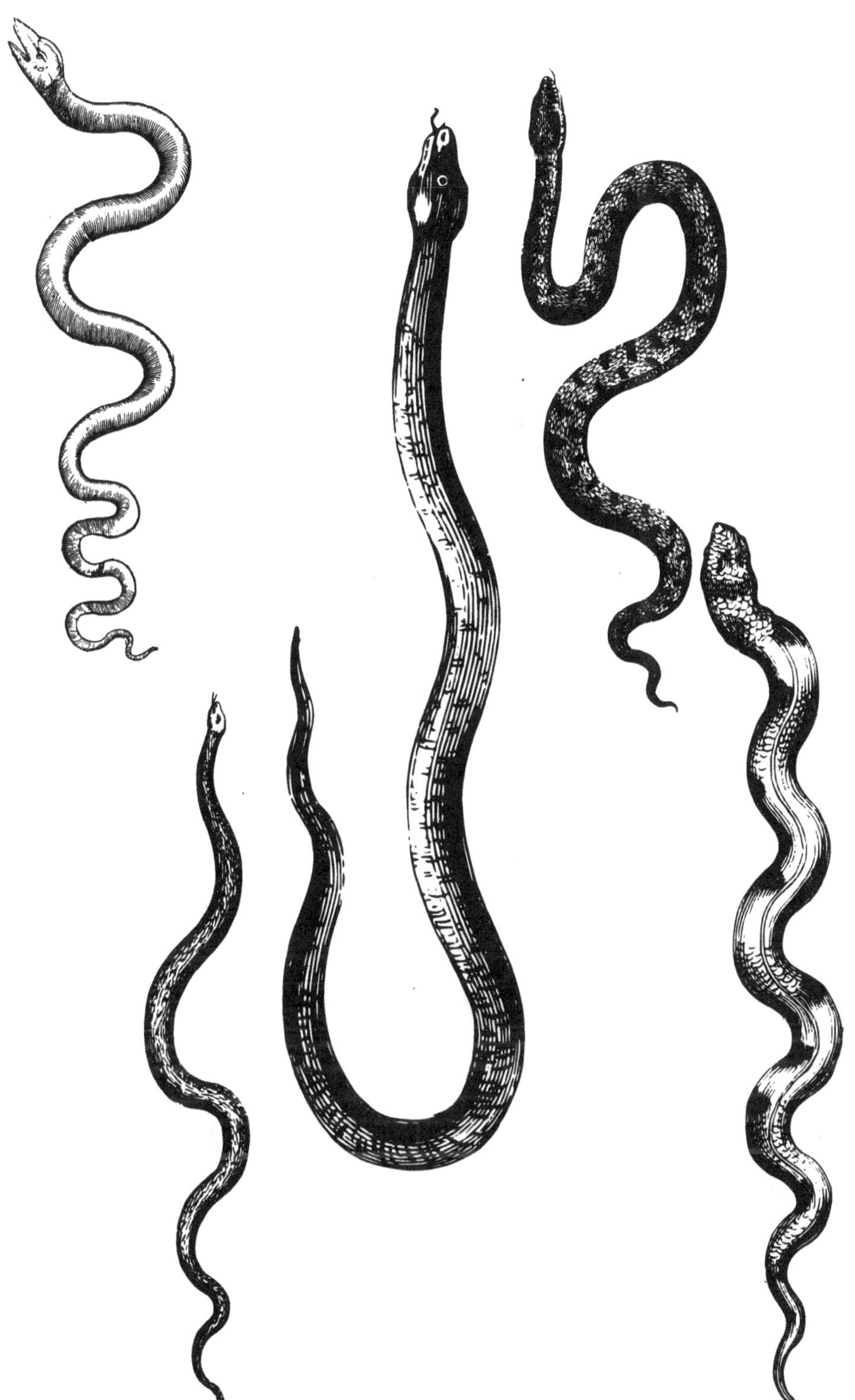

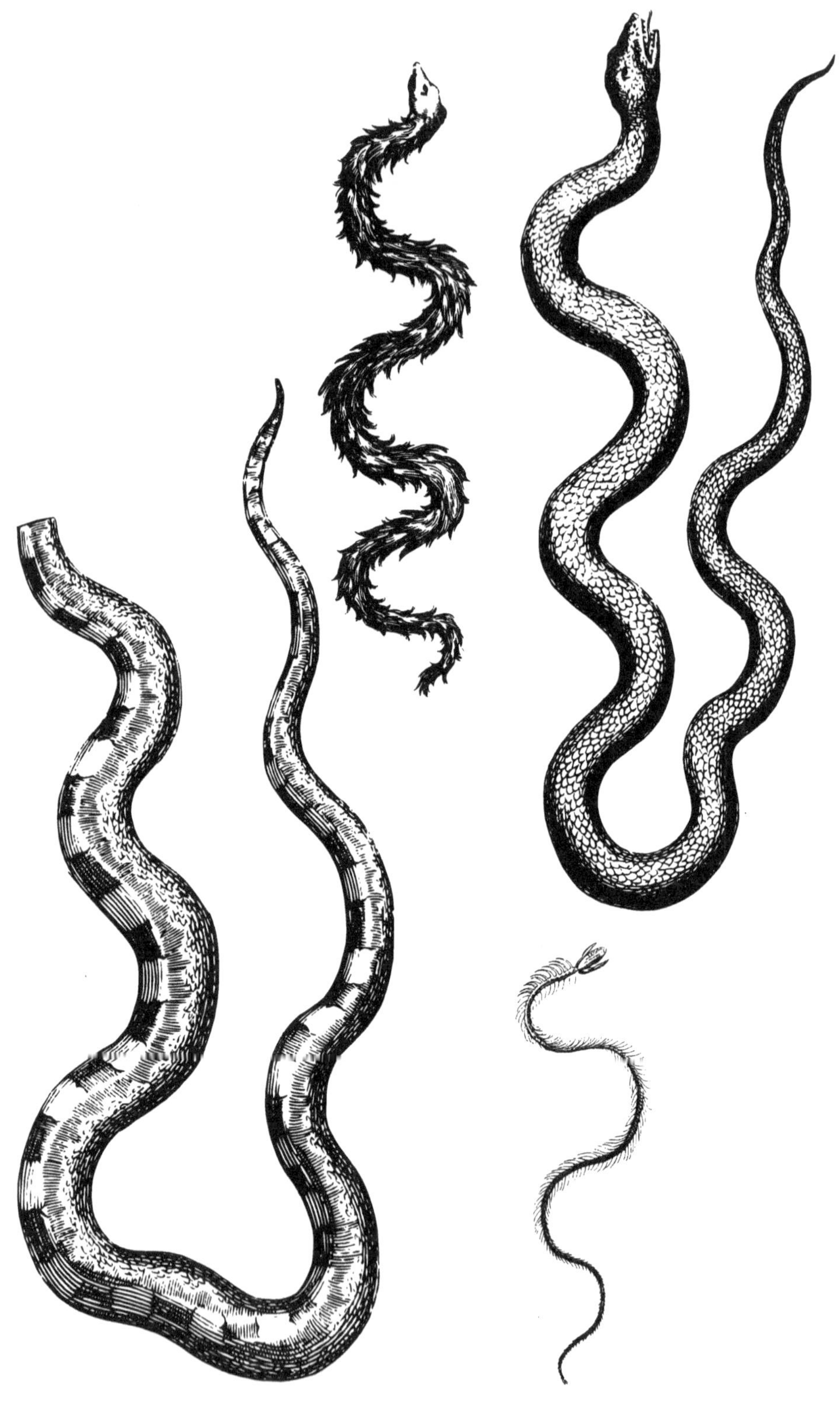

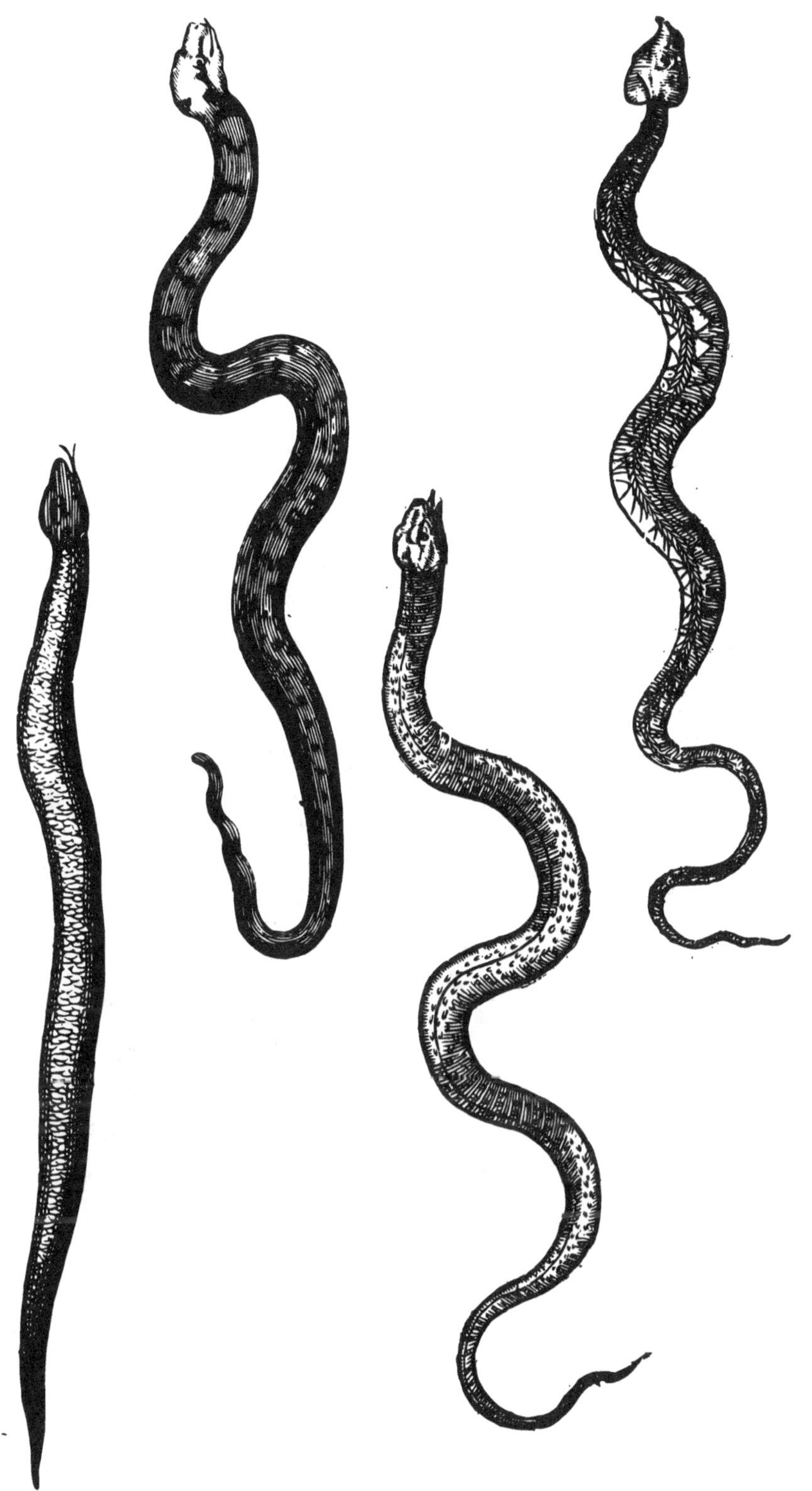

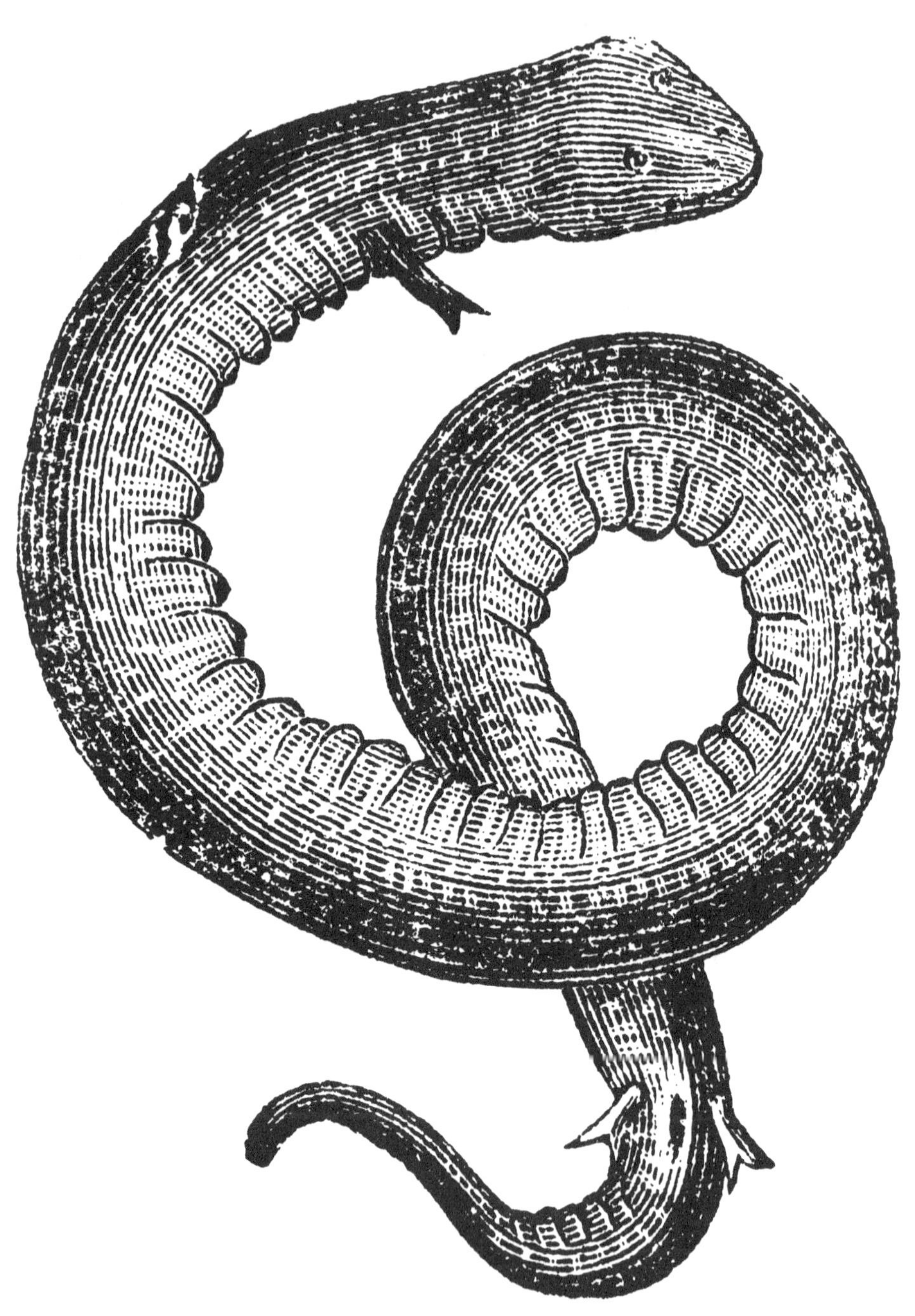

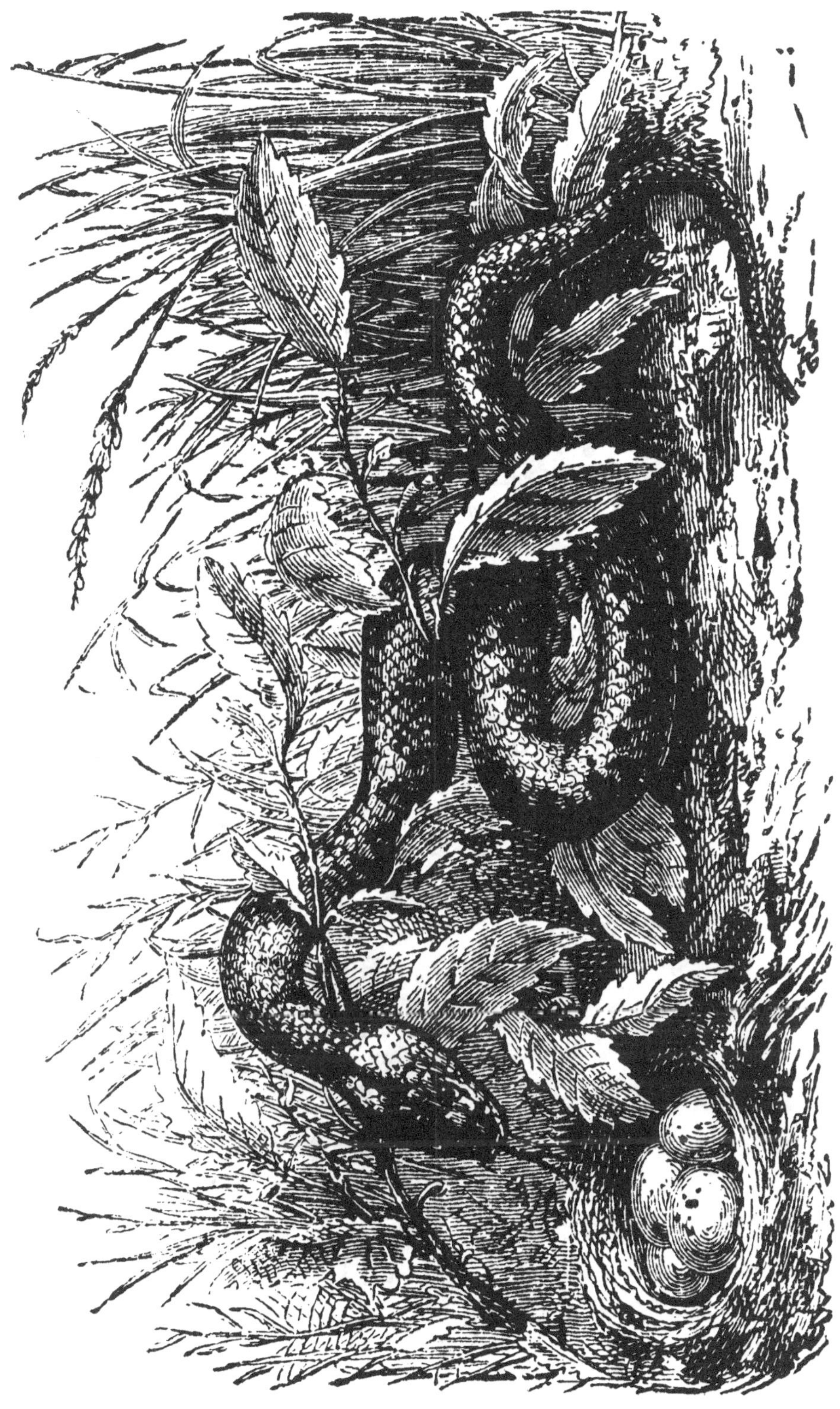

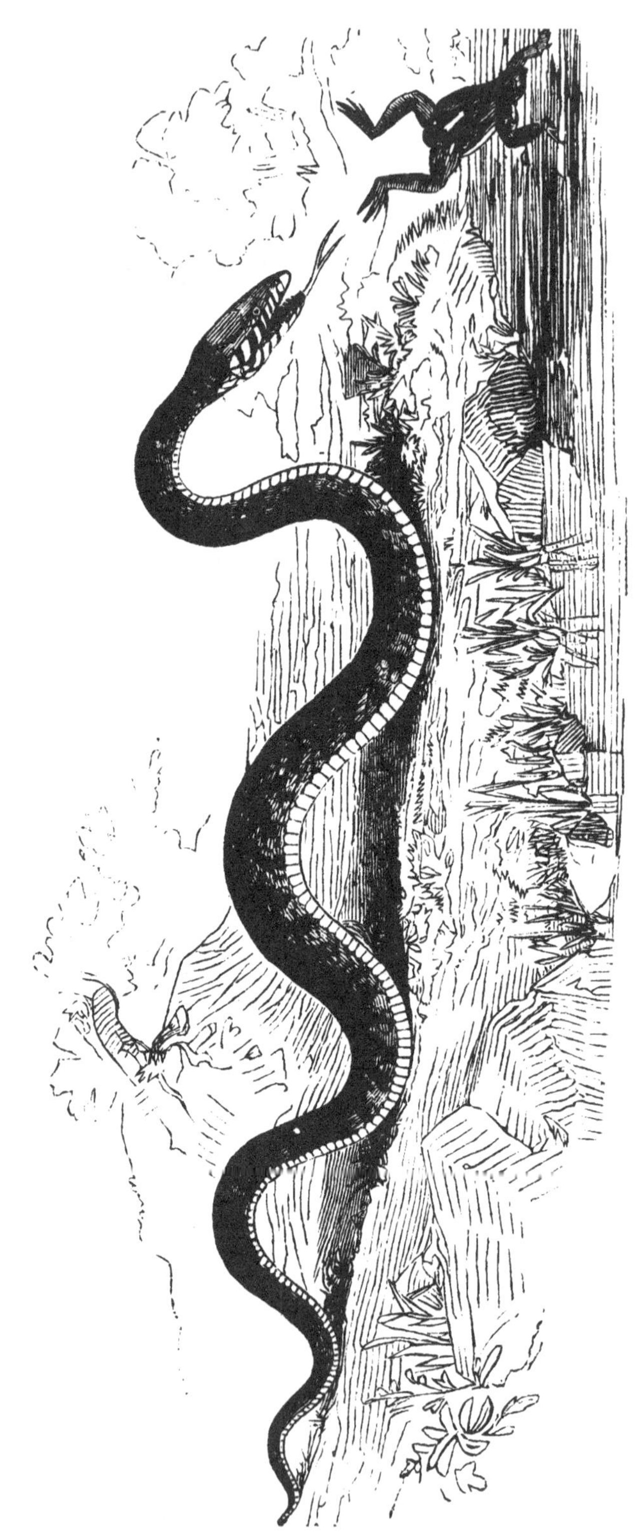

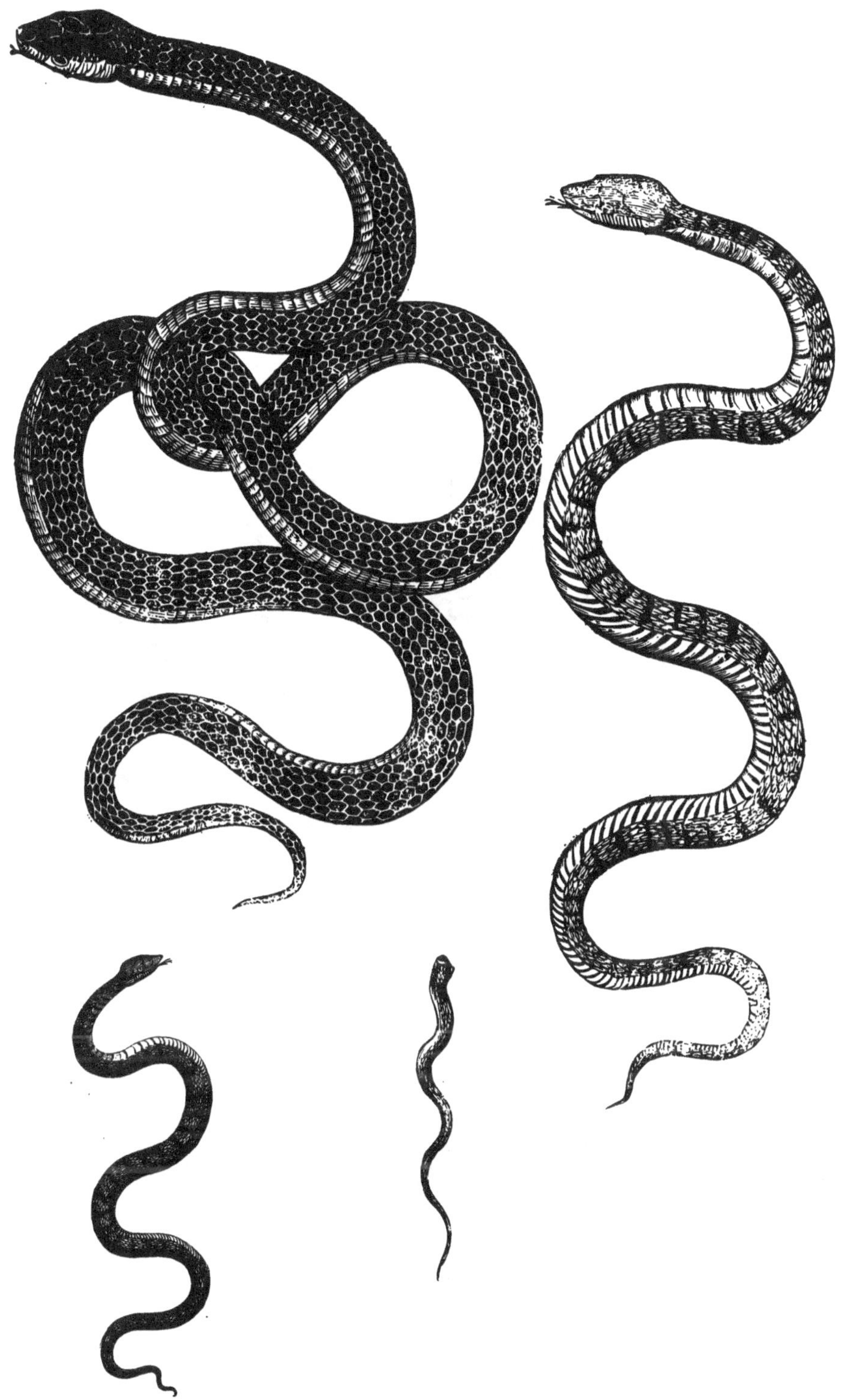

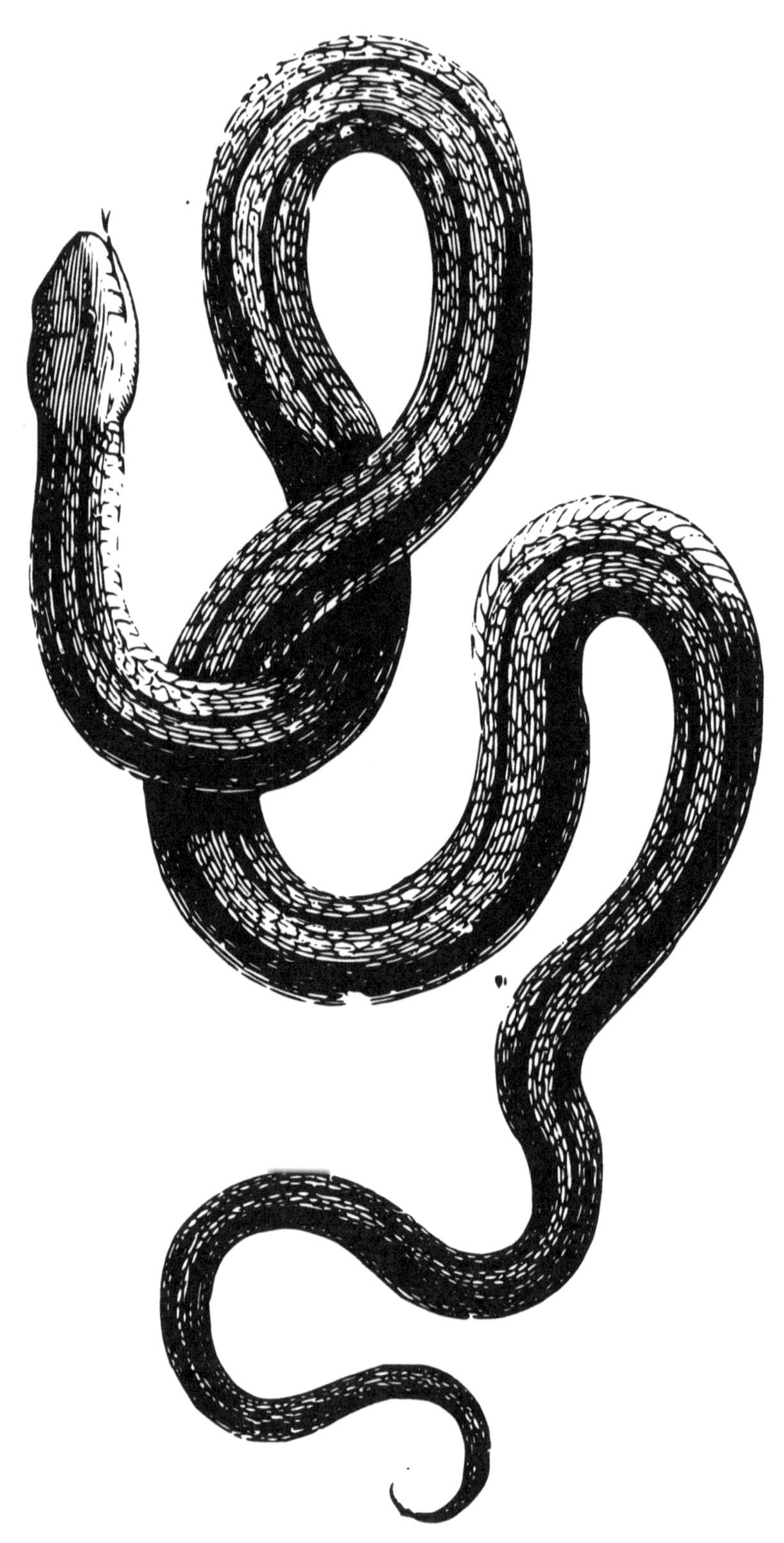

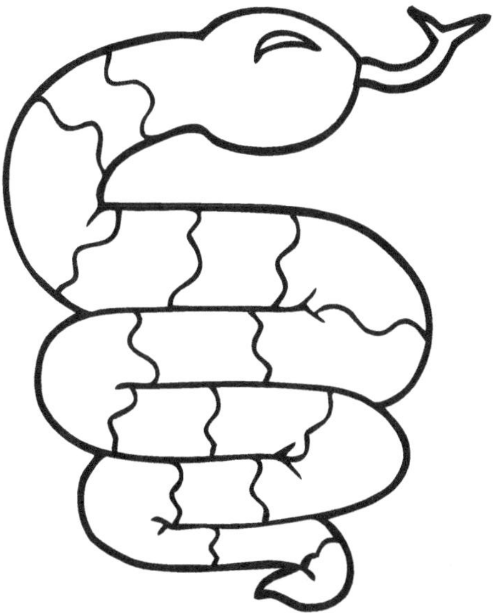

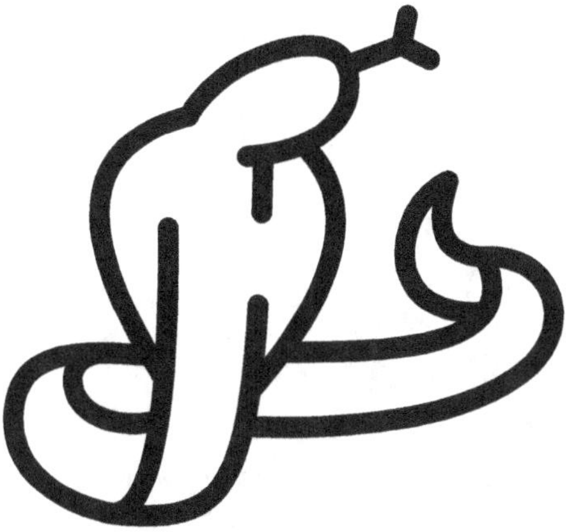

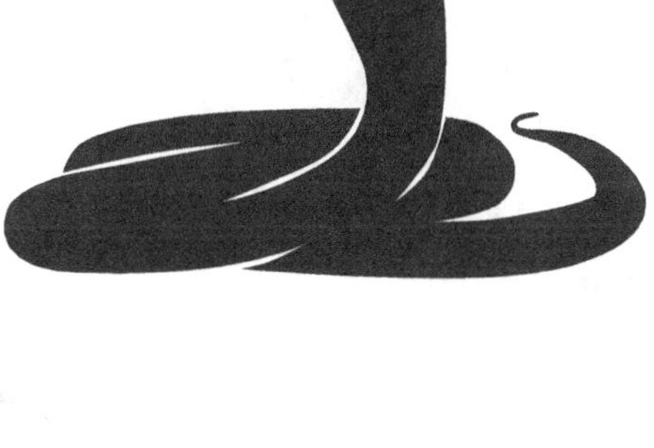

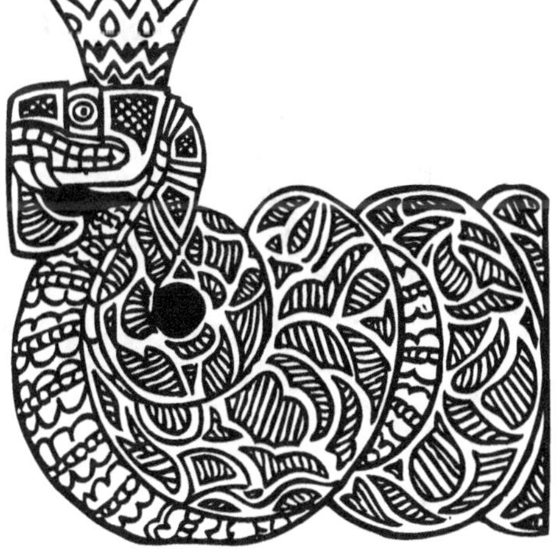

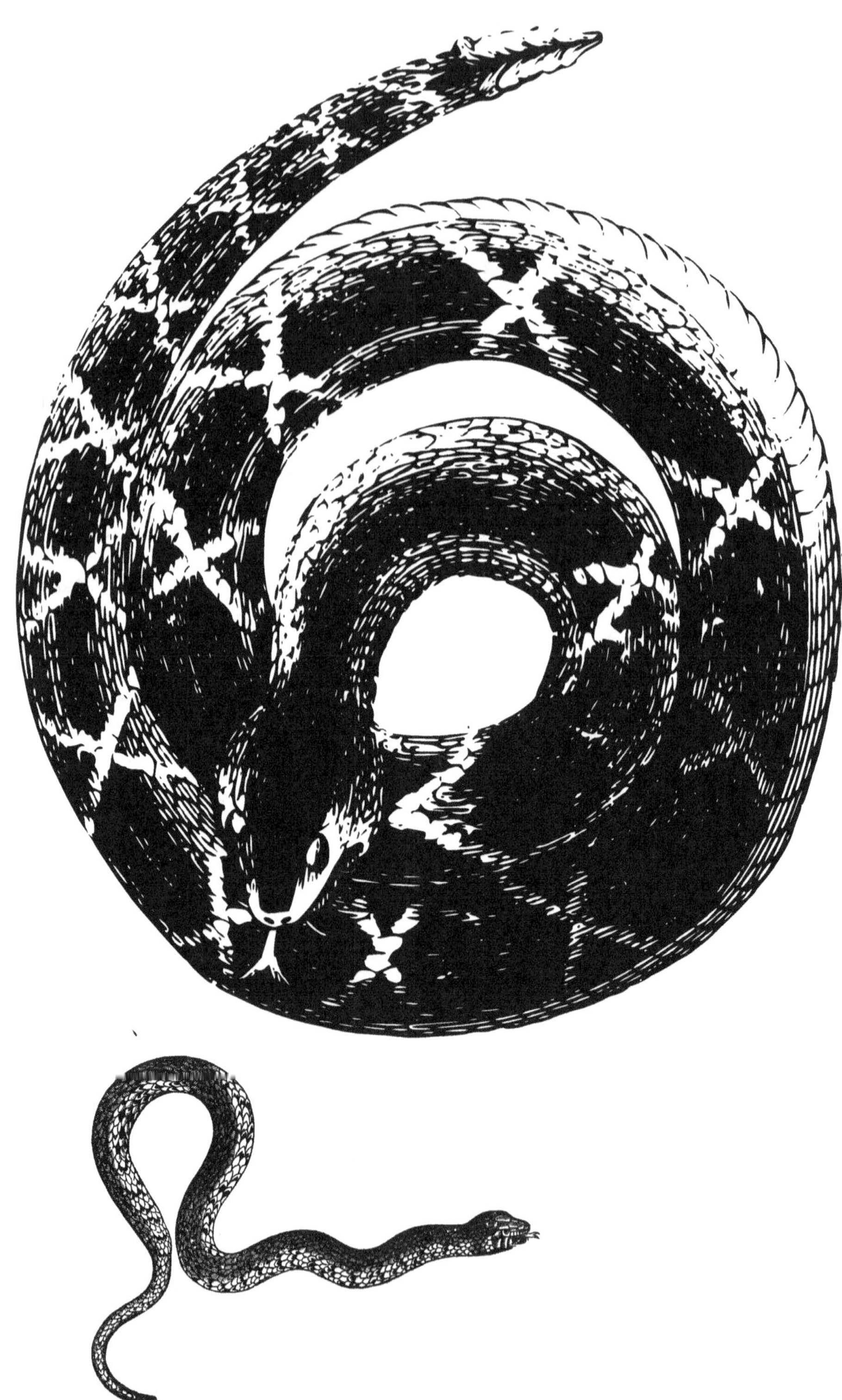

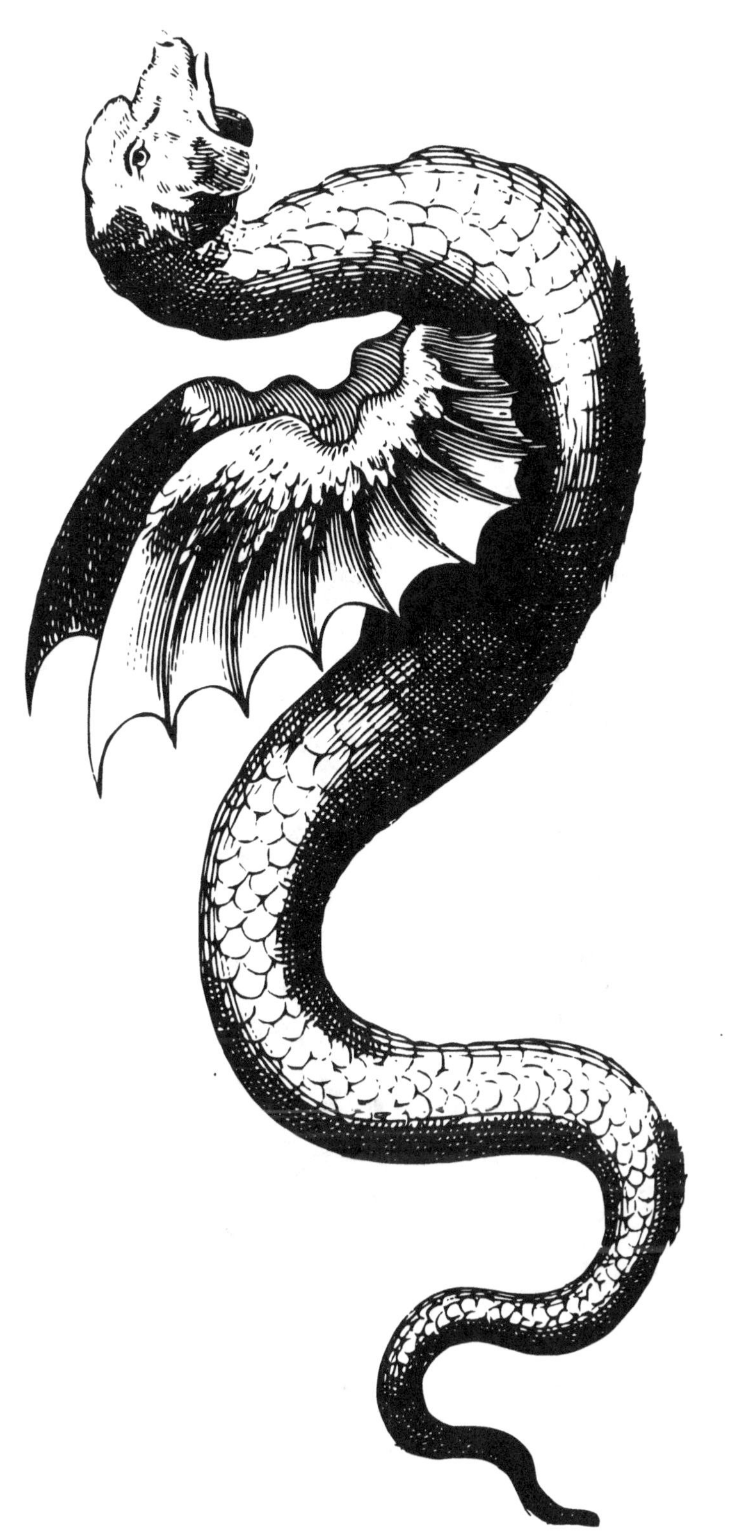

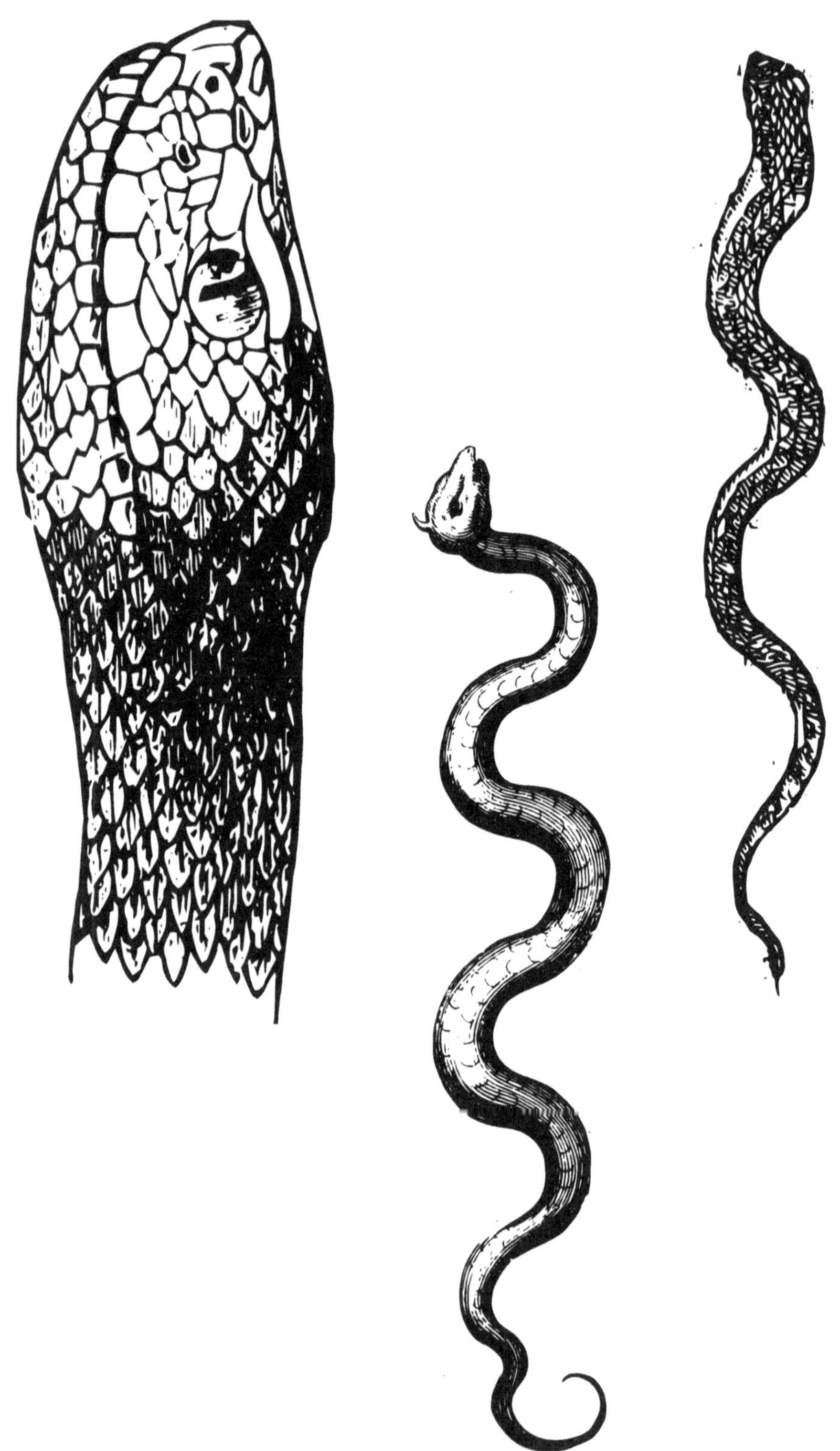

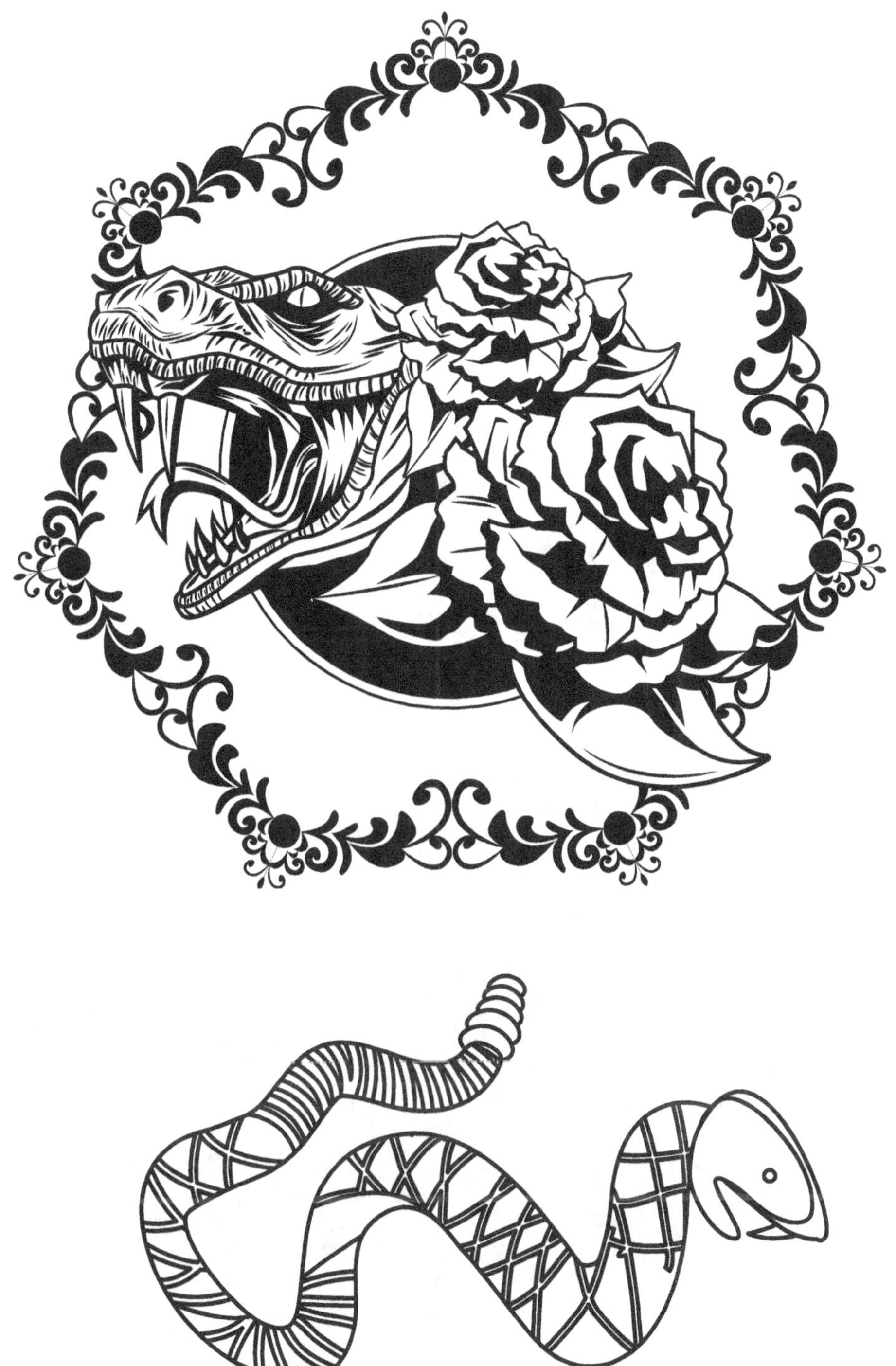

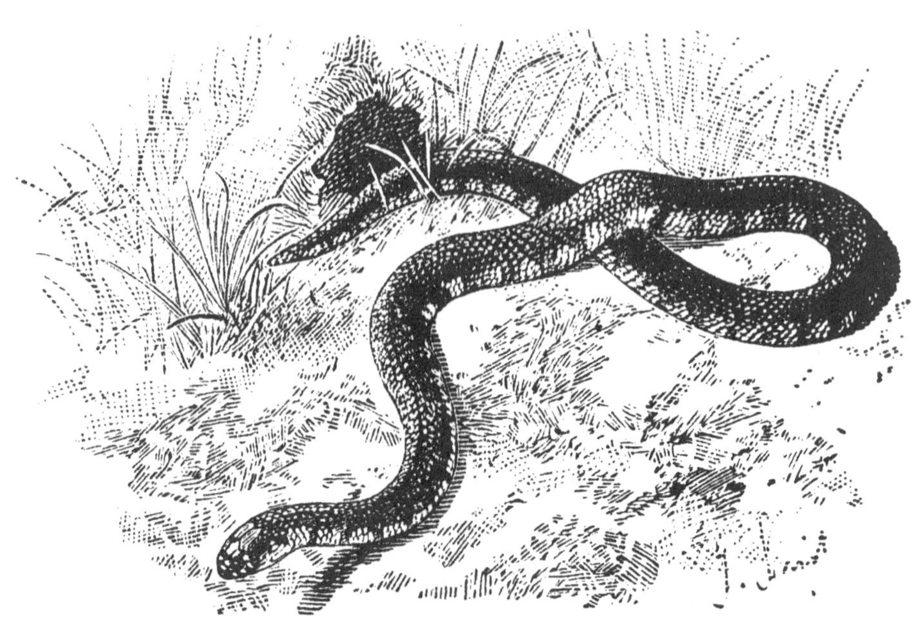

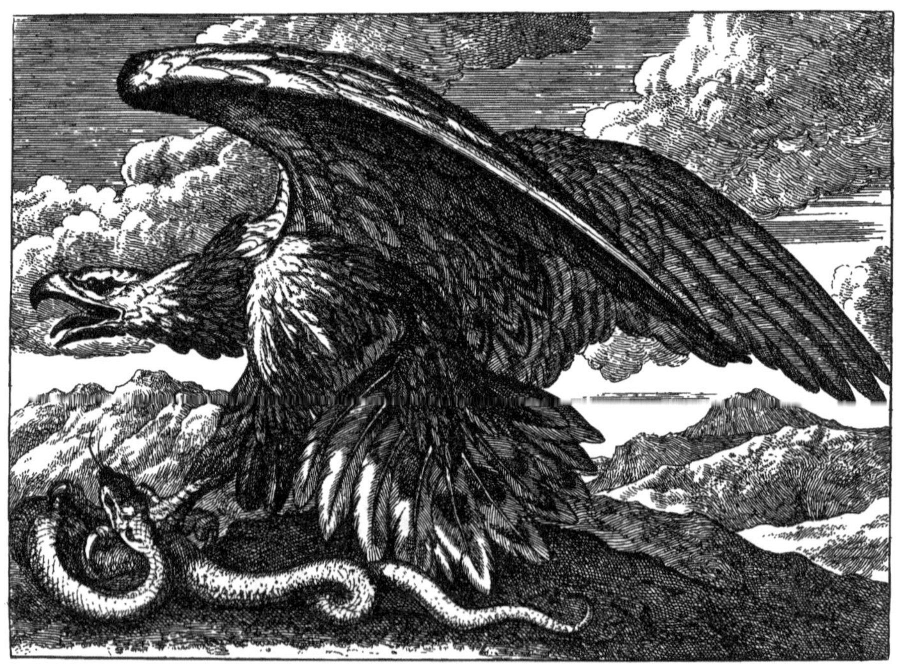

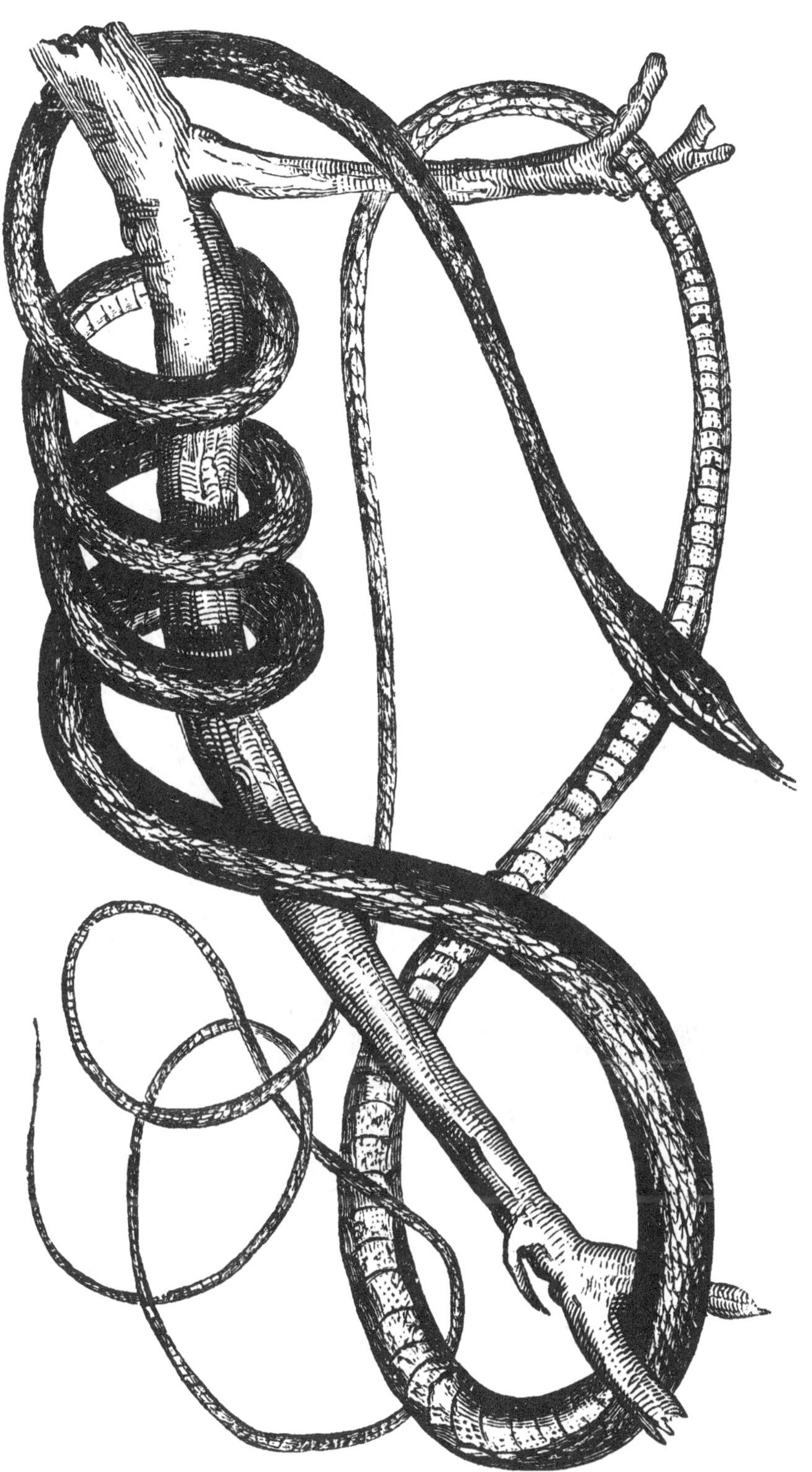

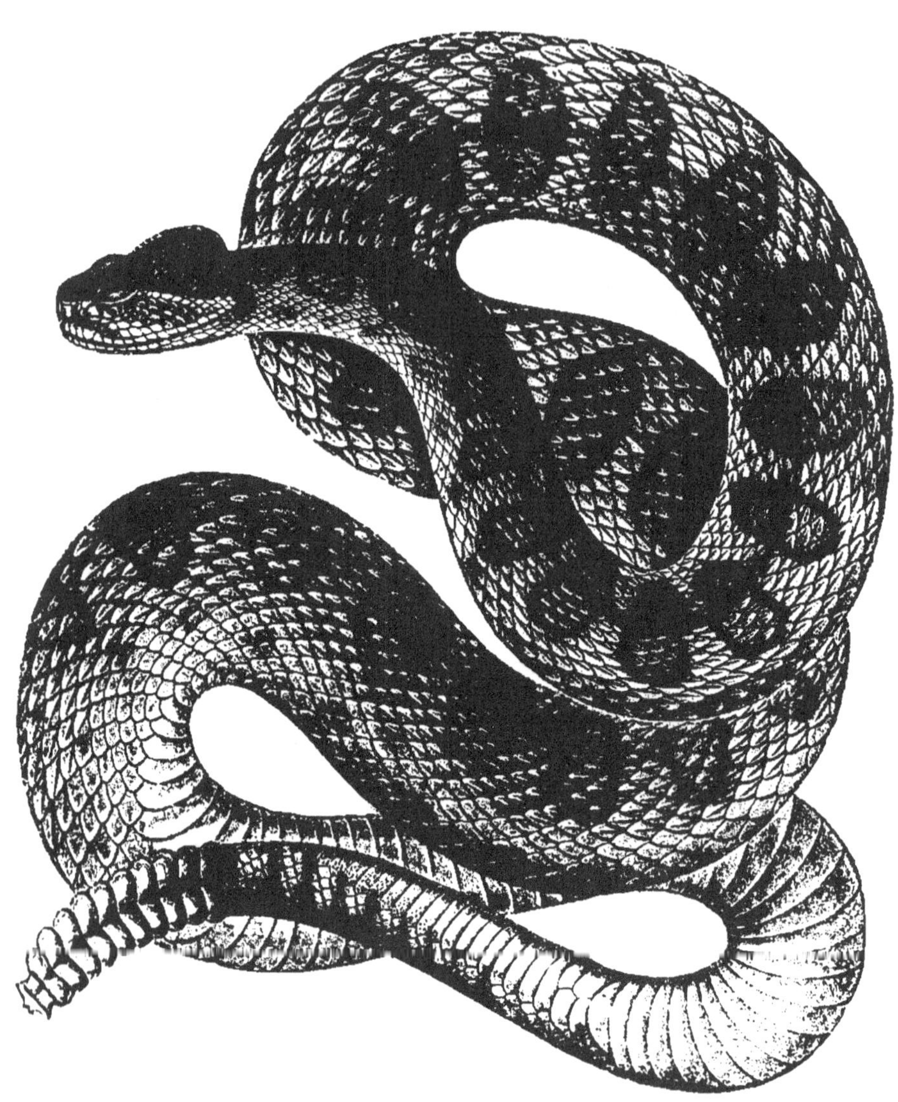

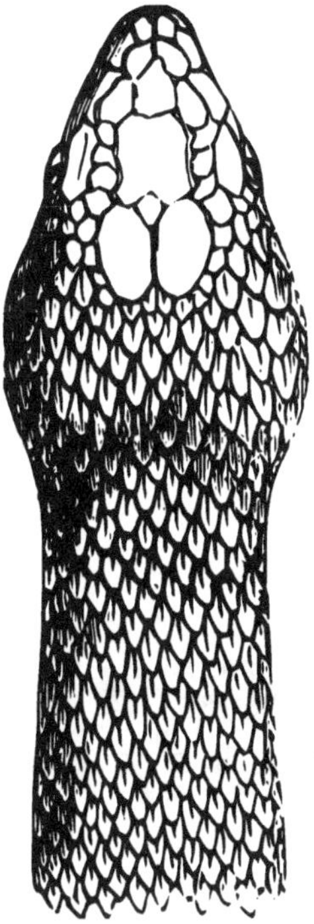

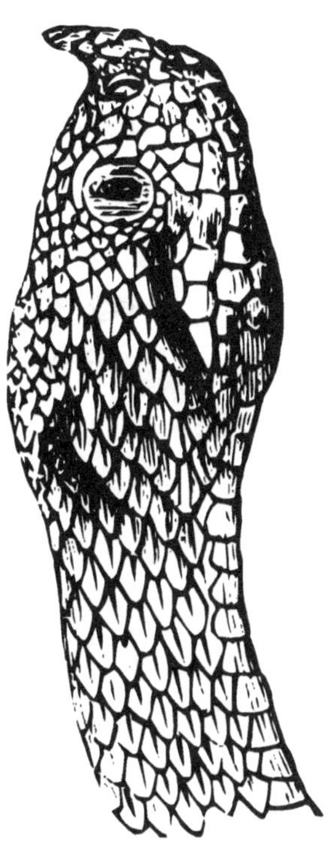

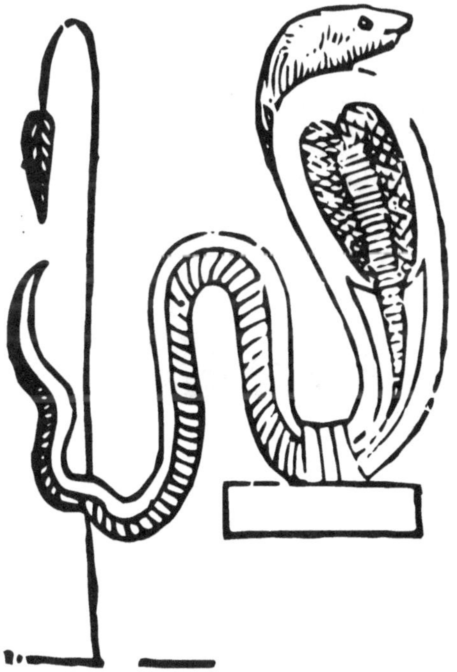

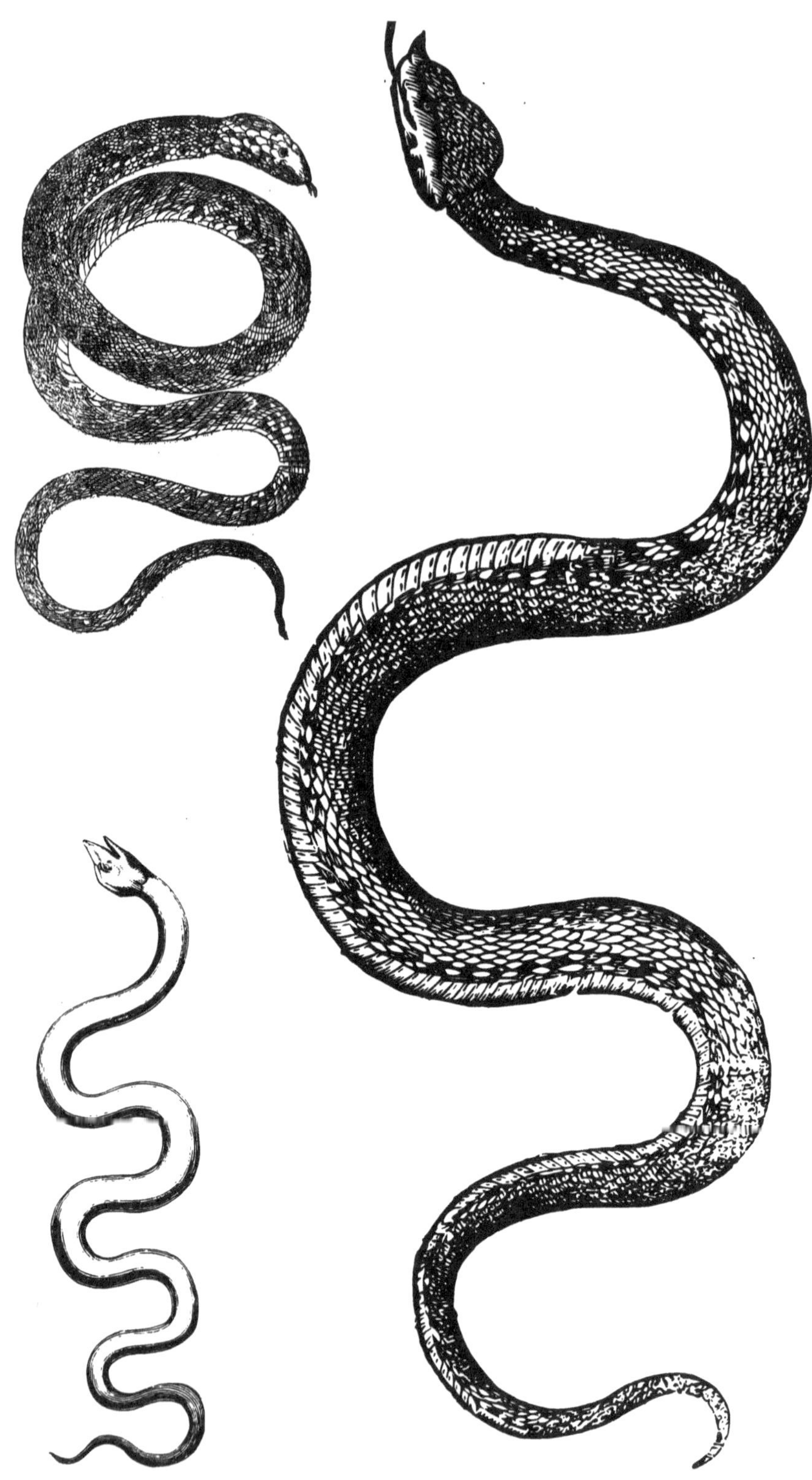

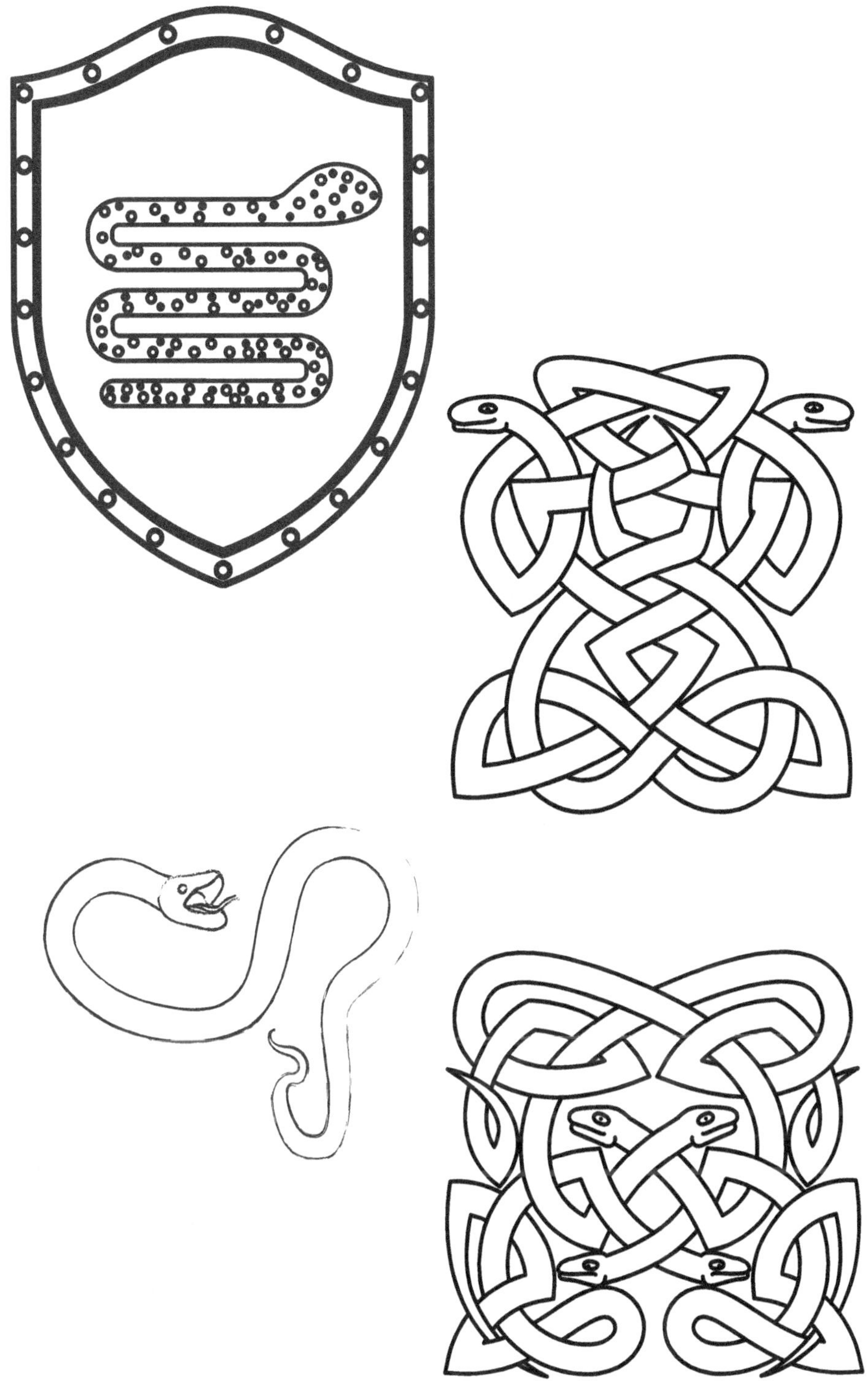

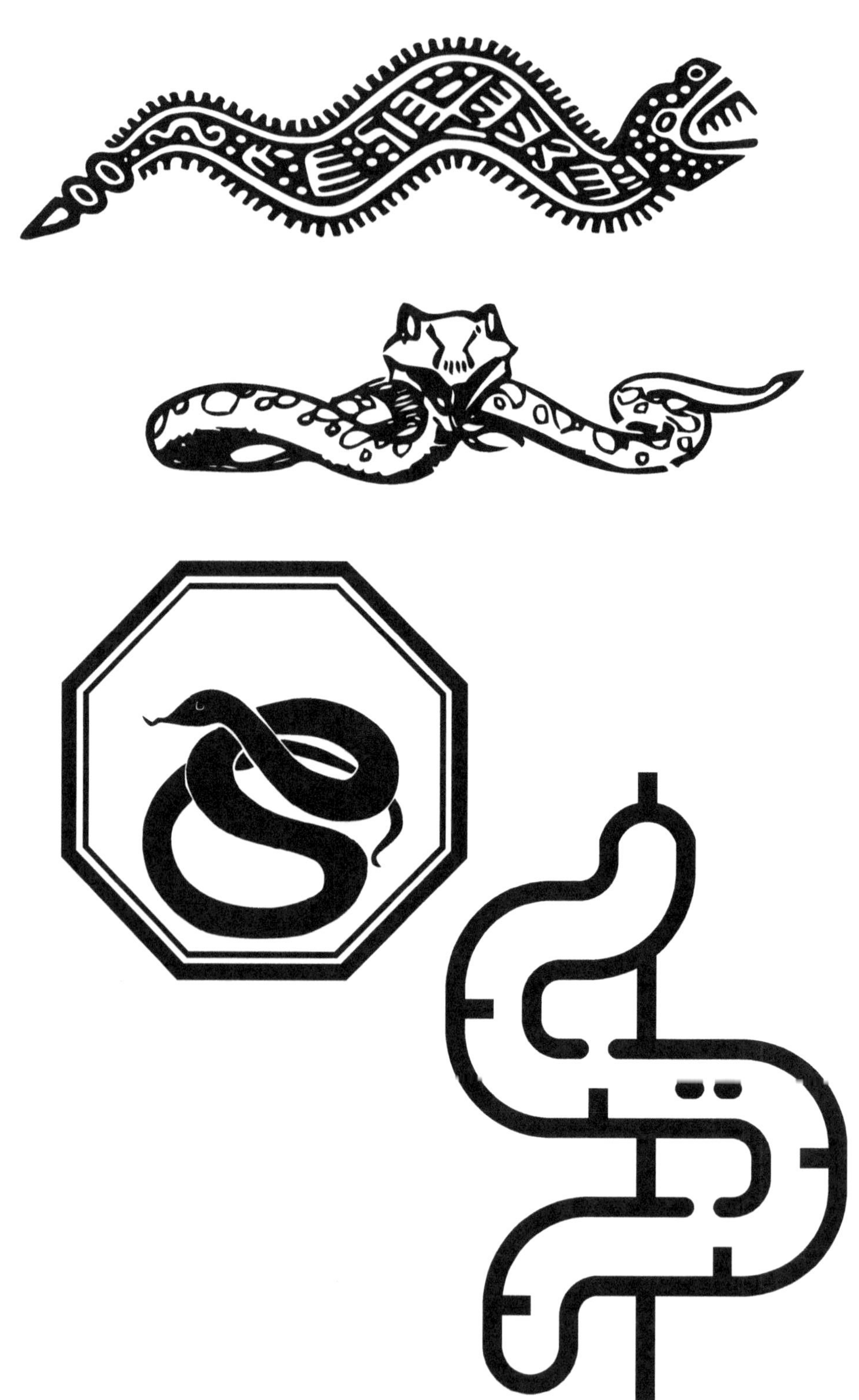

9 798726 515144